LA VÉRITABLE HISTOIRE

*Collection
dirigée
par
Jean Malye*

DANS LA MÊME COLLECTION

Caligula
Textes réunis et présentés par Jean Malye

Périclès
Textes réunis et présentés par Jean Malye

Alexandre le Grand
Textes réunis et présentés par Jean Malye

Marc Aurèle
Textes réunis et présentés par Paméla Ramos

Alcibiade
Textes réunis et présentés par Claude Dupont

Constantin
Textes réunis et présentés par Pierre Maraval

Les héros spartiates
Textes réunis et présentés par Jean Malye

Le premier empereur de Chine
Textes réunis et présentés par Damien Chaussende

Pompée
Textes réunis et présentés par Claude Dupont

Tibère
Textes réunis et présentés par Christopher Bouix

Hannibal
Textes réunis et présentés par Jean Malye

Julien
Textes réunis et présentés par Paméla Ramos

Les Gracques
Textes réunis et présentés par Christopher Bouix

À PARAÎTRE

Néron
Cicéron
Pyrrhus
Jules César
Mithridate
Auguste

LA VÉRITABLE
HISTOIRE
DE THÉMISTOCLE

Textes réunis et présentés
par
Jean Haillet

LES BELLES LETTRES
2012

Pour consulter notre catalogue
et découvrir nos nouveautés
www.lesbelleslettres.com

Dans le corps du texte, les textes en italiques sont de Jean Haillet et ceux en romains sont d'auteurs anciens, excepté pour les annexes.

Les dates s'entendent avant J.-C.

© 2012, Société d'édition Les Belles Lettres
95, boulevard Raspail 75006 Paris.
www.lesbelleslettres.com

ISBN : 978-2-251-04014-1

S'il existe, comme certains le disent, des hommes vivant aux antipodes par rapport à nous, en bas sur terre, même eux, je pense, ont entendu parler de Thémistocle.

Plutarque, *De la malignité d'Hérodote*, 869 C

UN ATHÉNIEN SANG-MÊLÉ

Environ 524

En ce qui concerne Thémistocle, son origine est trop obscure pour avoir contribué à sa gloire.

Plutarque, *Thémistocle*, 1, 1

Son père était athénien, pas sa mère. Même le beau nom de la muse Euterpe ne fait pas de cette Carienne une Grecque. Si, selon une autre tradition, elle était née en Thrace, alors on est en droit de voir en elle une esclave que s'était procurée Néoclès, le père de notre héros.

Son père, Néoclès, ne faisait pas partie des hommes en vue à Athènes ; il était du dème[1] de Phréarrhes, de la tribu Léontis. À cause de sa mère, Thémistocle n'était pas de pure race athénienne, à ce que l'on dit :

« Je suis Habrotonon, une femme de Thrace,
Mais j'ai donné le grand Thémistocle à la Grèce. »

Cependant, Phanias rapporte que la mère de Thémistocle n'était pas thrace, mais carienne, et ne s'appelait pas Habrotonon, mais Euterpe, et Néanthès ajoute même qu'elle était de la ville d'Halicarnasse en Carie.

Plutarque, *Thémistocle*, 1, 1-2

---

1. Le dème était une entité administrative correspondant à peu près à notre commune.

Les Athéniens de sang mêlé n'avaient pas le droit de fréquenter les gymnases des autres Athéniens, ils avaient leur gymnase à eux.

Les Athéniens de sang mêlé se réunissaient au Kynosarge[2] (c'était un gymnase situé hors des portes et consacré à Héraclès, parce que celui-ci non plus n'était pas de race pure parmi les dieux, mais se trouvait entaché de bâtardise à cause de sa mère qui était mortelle).

Plutarque, *Thémistocle*, 1, 3

Sans appartenir à l'une des plus illustres familles d'Athènes comme Miltiade ou Périclès, Thémistocle descendait, par son père, d'une famille qui pouvait se targuer d'avoir un ancêtre divin, Lycos. Il est un aristocrate de second rang.

Il est néanmoins certain qu'il appartenait à la famille des Lycomides, car, le sanctuaire des mystères[3] de Phlyées, qui était la propriété commune des Lycomides, ayant été brûlé par les Barbares, c'est lui qui le fit restaurer et orner de peintures, au dire de Simonide[4].

Plutarque, *Thémistocle*, 1, 4

2. Le Kynosarge, situé sans doute au sud de la ville, était réservé aux bâtards.

3. Les mystères sont des cultes comportant une initiation et une révélation relatives à la vie dans l'au-delà.

4. Simonide de Céos (556-467) fut un illustre représentant du lyrisme choral. Il aimait fréquenter les puissants du jour et chanter leurs victoires dans tous les domaines. Il célébra les batailles des Thermopyles, de l'Artémision et de Salamine. Il est l'auteur de la fameuse épigramme des Spartiates tombés aux Thermopyles : « Etranger, va dire aux Lacédémoniens que nous gisons ici fidèles à leurs lois. » Ami de Thémistocle, il composa sans doute pour lui une épigramme que celui-ci fit graver sur le mur de ce sanctuaire.

UN ÉLÈVE PARESSEUX
ET SÉRIEUX

Environ 530

Parmi les disciplines scolaires, le jeune Thémistocle fait le tri d'un élève sérieux.

Les études qui visent à former les mœurs ou qui ont pour objet le plaisir[1] ou l'agrément chez les hommes libres trouvaient en lui un écolier paresseux et sans goût, tandis qu'il montrait une passion extrême et au-dessus de son âge pour celles qui se rapportent, comme on dit, à l'intelligence et à l'action, parce qu'il avait confiance dans ses dons naturels. Aussi, plus tard, se trouvant en compagnie de gens soi-disant cultivés et raffinés qui étaient fiers de leur bonne éducation, il fut en butte à leurs moqueries, et il se voyait alors réduit à se défendre un peu rudement, en disant que, s'il ne savait pas accorder une lyre ni manier une cithare, en revanche, si on lui confiait une ville petite et obscure, il saurait la rendre grande et illustre.

Plutarque, *Thémistocle*, 2, 3-4

---

1. Il s'agit des disciplines au programme de l'éducation d'un jeune aristocrate : musique, poésie, gymnastique.

*Il eut probablement pour maître non pas un « intellectuel »,
mais un sage, Mnésiphilos.*

Stésimbrote[2] affirme que Thémistocle suivit les leçons
d'Anaxagore[3] et fut le disciple de Mélissos, le physicien[4],
mais en cela il ne respecte pas la chronologie, car lorsque
Périclès, qui était beaucoup plus jeune que Thémistocle,
assiégea Samos, c'est Mélissos qui la défendit contre lui, et
Anaxagore était aussi un familier de Périclès. Il faut prêter
plus d'attention à ceux qui disent que Thémistocle se donna
pour maître Mnésiphilos de Phréarrhes[5], qui n'était ni un
rhéteur, ni l'un de ces philosophes qu'on appelle physiciens,
mais qui faisait profession de ce qu'on nommait alors la
sagesse et qui était en réalité l'habileté politique et l'intelligence pratique ; Mnésiphilos la conservait fidèlement comme
une doctrine héritée de Solon[6]. Ceux qui vinrent après lui
la mêlèrent à l'éloquence judiciaire et, la détournant des
actions, l'appliquèrent aux discours, s'attirant ainsi le nom
de sophistes. C'est cet homme que Thémistocle fréquenta,
alors qu'il s'adonnait déjà à la politique.

Plutarque, *Thémistocle*, 2, 5-7

2. Stésimbrote, contemporain de Périclès, attaqua dans un pam-
phlet Thémistocle et Périclès.

3. Le célèbre philosophe Anaxagore de Clazomènes (Ionie) fut le
maître de Périclès et, quand il vint à Athènes en 460, Thémistocle
était déjà en exil. Accusé d'impiété, il dut quitter Athènes en
430.

4. Mélissos, à la fois philosophe adonné à l'étude de la nature
(*physis*), donc *physicos*, et chef militaire, infligea une défaite navale
aux Athéniens, à Samos, en 440.

5. On retrouvera ce personnage à Salamine : Hérodote lui fait jouer
un rôle déterminant auprès de son ancien élève, voir p. 50.

6. Le « patronage » de Solon, qui, au début du VIe siècle, fit faire
aux Athéniens les premiers pas vers la démocratie et fut rangé rapidement parmi les Sept Sages de la Grèce, est important

Une grande fierté, alliée à de l'audace, dès l'enfance.

Alors qu'il était encore un enfant, Thémistocle rentrait un jour de l'école. Comme Pisistrate[7] approchait, le pédagogue dit à Thémistocle de céder un peu de place pour le passage du tyran. Il donna alors une réponse très libre :

– Est-ce qu'il n'a pas déjà assez de place pour passer ?

Ainsi se manifestait déjà en Thémistocle un esprit libre et fier.

Élien, *Histoire variée*, 3, 21

Sur la jeunesse de Thémistocle couraient des histoires de débauches.

Thémistocle, encore adolescent, se vautrait dans la boisson et le commerce des femmes.

Plutarque, *Apophtegmes de rois et de généraux*, 184 F

Pour Plutarque, ce sont des ragots.

Les récits que quelques auteurs ont forgés sur cette conduite, à savoir qu'il fut renié par son père et que sa mère se donna la mort à cause du grand chagrin que lui inspirait l'indignité de son fils, semblent bien être de purs mensonges.

Plutarque, *Thémistocle*, 2, 8

7. Pisistrate fut tyran d'Athènes de 561 à sa mort en 528/7. Thémistocle étant né au plus tôt en 524, l'anecdote rapportée par Elien n'a qu'une valeur symbolique. Si elle a un fond de vérité, il faut imaginer la scène avec le successeur de Pisistrate, son fils Hippias.

UN SURDOUÉ DE LA POLITIQUE

Sa capacité à convaincre se manifeste dès son enfance.

Thémistocle entreprit de persuader à de jeunes Athéniens de noble naissance de descendre au Kynosarge et de s'y entraîner avec lui. Il arriva à ses fins et passe pour avoir ainsi aboli par ruse la discrimination entre les sang-mêlé et les Athéniens de race pure.

Plutarque, *Thémistocle*, 1, 3

Fougueux et ambitieux, il n'a en tête que la carrière politique et, dans cette Athènes démocratique où la parole est reine, ce qu'il cultive dès son jeune âge, c'est l'éloquence.

On s'accorde à dire qu'étant encore enfant, il avait un caractère ardent, qu'il était naturellement intelligent et s'intéressait par goût aux grandes entreprises et à la politique. Dans les moments de relâche et de loisir que lui laissaient ses études, il ne jouait pas, il ne se reposait pas comme la plupart des enfants ; on le trouvait toujours à méditer et à composer des discours qu'il se récitait à lui-même et qui avaient pour objet d'accuser ou de défendre quelqu'un de ses camarades. Aussi son maître lui disait-il souvent :

– Toi, mon enfant, tu ne seras pas quelqu'un de médiocre, mais, à coup sûr, tu seras grand, soit en bien, soit en mal.

Dans la première ardeur de sa jeunesse, il fut inégal et instable, parce qu'il n'obéissait qu'à ses instincts naturels, sans y ajouter la réflexion et l'étude ; aussi passait-il d'un extrême à l'autre dans ses façons d'agir et s'égarait-il souvent vers le parti le plus mauvais, comme il l'avoua lui-même par la suite, notamment en disant que les poulains les plus

fougueux deviennent les meilleurs chevaux, quand ils ont
été dressés et domptés comme il convient.

Plutarque, *Thémistocle*, 2, 1-3 et 7

Les qualités d'un grand politique ont frappé les historiens anti-
ques. L'analyse qu'en fait Thucydide est d'autant plus intéressante
que l'historien laisse éclater ici son admiration, ce qui n'est pas
dans ses habitudes.

Thémistocle était un homme qui montra la valeur la
plus certaine, et qui, à cet égard, méritait plus qu'un autre
une admiration exceptionnelle. Par son intelligence propre,
à laquelle l'étude n'avait ni préparé les voies ni rien ajouté,
il excellait à la fois pour se faire, dans les problèmes immé-
diats, l'avis le meilleur, grâce à la réflexion la plus brève, et,
relativement à l'avenir, la plus juste idée sur les perspectives
les plus étendues. Une affaire était-elle entre ses mains, il
savait aussi l'exposer ; n'en avait-il pas l'expérience, il n'en
portait pas moins un jugement valable ; enfin, les avantages
ou inconvénients pouvaient être encore indistincts : il savait
au mieux les prévoir. Pour tout dire, par les ressources de sa
nature et le peu de peine dont il avait besoin, cet homme
fut sans pareil pour improviser ce qu'il fallait.

Thucydide, *La guerre du Péloponnèse*, 1, 138, 2-3

« LE TROPHÉE DE MILTIADE M'EMPÊCHE DE DORMIR. »

Quand les Athéniens remportèrent sur les Perses la victoire de Marathon, en 490, Thémistocle, âgé d'une trentaine d'années, était déjà lancé dans la politique. La gloire du vainqueur, Miltiade, le taraudait.

On dit que Thémistocle était tellement porté vers la gloire et avait une ambition si passionnée pour les grandes actions que, jeune encore, comme, après la victoire remportée à Marathon sur les Barbares, il entendait vanter partout le génie militaire de Miltiade, on le voyait souvent s'enfoncer dans ses pensées, passer les nuits à veiller, refuser de prendre part aux festins coutumiers, et, quand ses amis, étonnés de ce changement de vie, le questionnaient, il répondait que le trophée[1] élevé par Miltiade l'empêchait de dormir.

Plutarque, *Thémistocle*, 3, 4

L'image d'Achille devait aussi le hanter.

Ayant été interrogé sur le point de savoir s'il aurait voulu être Achille ou Homère :
— Et toi-même, répondit-il, est-ce que tu souhaiterais être le vainqueur aux Jeux Olympiques ou le héraut qui proclame les vainqueurs ?

Plutarque, *Apophtegmes de rois et de généraux*, 185 A

---

1. Après une bataille, le vainqueur dresse un monument sommaire, de bois, de bronze ou de pierre, pour signaler sa victoire : les Grecs désignaient ce monument par le mot « trophée ».

Pour se faire un nom en politique, rien ne peut rapporter autant que de s'attaquer aux puissants du jour. Ce que ne manque pas de faire l'audacieux Thémistocle.

Dès le début, aspirant au premier rang, il affronta hardiment l'inimitié de ceux qui détenaient le pouvoir et la première place dans l'Etat, et surtout d'Aristide, fils de Lysimaque, qui suivit toujours une ligne de conduite opposée à la sienne.

Plutarque, Thémistocle, 3, 1

L'adversaire est choisi. Les deux hommes s'affronteront pendant deux décennies environ. À Marathon, on les voit rivaliser de vaillance.

Dans la bataille, ce fut le centre de l'armée athénienne qui souffrit le plus, et c'est là que les Barbares tinrent le plus longtemps, en face de la tribu Léontis et de la tribu Antiochis. Thémistocle et Aristide, rangés l'un près de l'autre, se distinguèrent par la vaillance ; l'un appartenait, en effet, à la tribu Léontis, l'autre à l'Antiochis

Plutarque, Aristide, 5, 4

Hormis ce passage de Plutarque, pas d'autres allusions chez les auteurs anciens à la participation du jeune Thémistocle à la première grande victoire athénienne sur les Perses. On le comprend : à Marathon, il n'avait fait que son devoir, Salamine, c'était son œuvre. Le récit d'Hérodote éclaire les quelques mots de Plutarque. Ce jour-là, Miltiade commande l'armée alliée.

Quand son tour fut venu[2], les Athéniens se rangèrent dans cet ordre pour la bataille : à l'extrémité de l'aile droite se tenait

---

2. À cette époque, il y a 10 stratèges à Athènes, chacun d'eux commandant sa tribu, tandis que le polémarque (comme son nom l'indique) est le commandant en chef de toute l'armée. Le polémarque

le polémarque ; car c'était alors la règle chez les Athéniens que le polémarque occupât cette place ; à sa suite venaient les tribus, se succédant dans l'ordre de leur numérotage et se tenant entre elles[3] ; enfin, à l'aile gauche, étaient rangés les Platéens[4]. Depuis cette affaire, quand les Athéniens offrent des sacrifices lors des grandes fêtes pentétériques[5], le héraut fait des vœux de bonheur – ce sont ses paroles – en même temps pour les Athéniens et pour les Platéens. Dans la disposition des troupes athéniennes à Marathon, il y avait ceci de particulier : l'armée ayant un front égal à celui des Mèdes[6], son centre était formé de peu de rangs, c'est là qu'elle était le plus faible[7], tandis que les deux ailes étaient fortes et denses.

Lorsque les troupes eurent pris leurs positions et que les sacrifices donnèrent les bons présages, les Athéniens, aussitôt donné le signal de l'attaque, se lancèrent au pas de course[8] contre les Barbares ; l'intervalle qui les en séparait n'était pas moins de huit stades[9]. Les Perses, quand ils les virent arriver sur eux en courant, se préparèrent à les recevoir ; constatant

Callimachos s'est rangé à l'avis de son collègue Miltiade, combattre sur place.

3. On comprend que la tribu Léontis (Thémistocle) et la tribu Antiochis (Miltiade) aient été côte à côte sur le champ de bataille (même si ce voisinage pose ici problème).

4. Les Platéens furent les seuls Grecs au côté des Athéniens à Marathon.

5. Une fête « pentétérique » a lieu « chaque cinquième année », par exemple à Athènes les célèbres Panathénées.

6. Les auteurs grecs emploient indifféremment « Mèdes » ou « Perses » pour désigner les sujets du souverain achéménide, ce que nous appelons communément l'Empire perse.

7. Inévitablement, étant donné la grande supériorité numérique des Barbares (quels que soient les nombres exagérés donnés par les auteurs anciens).

8. Impossible pour un fantassin grec, l'hoplite lourdement armé, de parcourir 8 stades (environ 1,5 km) « au pas de course », sauf à arriver épuisé. Il doit s'agir d'un pas accéléré.

9. La longueur du stade varie entre 180 et 200 m.

qu'ils étaient peu nombreux et que, malgré cela, ils se lançaient au pas de course, sans cavalerie, sans archers, ils les
crurent atteints de folie, d'une folie qui causerait leur perte
totale. C'était l'idée que se faisaient les Barbares ; mais les
Athéniens, après qu'ils eurent, en rangs serrés, pris contact
avec eux, combattirent de façon mémorable. Ils furent, en
effet, autant que nous sachions, les premiers à supporter la
vue de l'équipement des Mèdes[10] et d'hommes portant cet
équipement, alors que, jusque-là, rien qu'à entendre le nom
des Mèdes, les Grecs étaient pris de peur.

La bataille dura longtemps à Marathon. Au centre de
l'armée, où étaient placés les Perses eux-mêmes et les Saces[11],
l'avantage fut aux Barbares ; victorieux sur ce point, ils
rompirent leurs adversaires et les poursuivirent vers l'intérieur, mais, aux deux ailes, la victoire fut aux Athéniens
et aux Platéens. Vainqueurs, ils laissèrent fuir les Barbares
mis en déroute, réunirent les deux ailes en un seul corps,
engagèrent le combat contre ceux qui avaient rompu le
centre de leur ligne ; et la victoire resta aux Athéniens. Les
Perses prirent la fuite ; ils les suivirent, abattant les fuyards,
jusqu'au bord de la mer ; arrivés là, ils réclamèrent du feu
et s'en prenaient aux vaisseaux.

Hérodote, *Histoires*, 6, 111-113

Passion pour la politique et courage exceptés, tout opposait
Thémistocle et Aristide : naissance[12] et ligne politique.

Aristide fut le compagnon de Clisthène, qui établit le
régime démocratique après l'expulsion des tyrans, mais il prit

10. Les Perses avaient emprunté aux Mèdes leur vêtement. Les
Saces sont une des nombreuses peuplades scythes.
11. Le centre est la place habituelle des meilleures troupes chez
les Perses.
12. Thémistocle était de petite noblesse, Aristide appartenait à
l'une des plus riches familles d'Athènes.

pour modèle le Lacédémonien Lycurgue[13], celui des hommes
d'Etat qu'il admirait le plus. Ainsi entra-t-il dans le parti
aristocratique ; il trouva un adversaire en Thémistocle, fils
de Néoclès, qui était du parti populaire.

Plutarque, *Aristide*, 2, 1

*Opposés aussi par le caractère, en particulier la rigueur d'Aristide
le Juste et l'absence de scrupule de Thémistocle.*

Quelques-uns prétendent qu'étant encore enfants et
élevés ensemble, ils s'opposèrent dès le début en tout, actes
et paroles, aussi bien dans les jeux que dans les affaires
sérieuses et que leur naturel se révéla aussitôt à la suite de
cette rivalité : l'un était habile, audacieux, sans scrupule,
et se portait facilement avec vivacité vers toute sorte d'entreprises ; l'autre, doué d'un caractère ferme et tendu vers
la justice, n'admettait en aucune manière ni mensonge, ni
charlatanerie, ni tromperie, même pour rire.

Plutarque, *Aristide*, 2, 2

*Mais, selon certains, il faut prendre en compte aussi une rivalité
amoureuse.*

Ariston de Céos dit que cette inimitié qu'ils devaient
pousser si loin naquit d'une rivalité amoureuse. Ils s'étaient
épris tous les deux de Stésiléos, originaire de Céos, dont
l'éclatante beauté surpassait de beaucoup celle de tous les
autres adolescents. Ils portèrent leur passion à un tel excès
que, même lorsque la beauté du jeune homme fut passée,

---

13. Pour Plutarque, Lycurgue était un personnage presque légen-
daire : « Sur le législateur Lycurgue on ne peut rien dire qui ne soit
douteux », écrit-il au début de sa *Vie de Lycurgue*. Pour un Athénien du
Vᵉ siècle, il en était autrement, et on lui attribuait la rude constitution
aristocratique de Sparte. Voir *La Véritable Histoire des héros spartiates*,
Les Belles Lettres, 2010.

ils persévérèrent dans leur rivalité ; comme si elle avait été pour eux un exercice préparatoire, ils se lancèrent dans la politique l'un contre l'autre avec le même feu.

Plutarque, *Aristide*, 2, 3-4

Faute d'argent, Thémistocle a besoin, pour faire une carrière politique, d'amis regroupés dans une « hétairie » [14].

Thémistocle s'engagea dans une hétairie et s'assura ainsi un appui et une puissance non négligeables ; comme on lui disait que le moyen de bien gouverner les Athéniens était de se montrer égal et impartial envers tous :

— J'aimerais beaucoup mieux, répondit-il, ne m'asseoir jamais sur un siège de magistrat [15], si mes amis devaient n'y obtenir auprès de moi rien de plus que les étrangers !

Plutarque, *Aristide*, 2, 5

Résolu à contrer systématiquement son adversaire, Aristide le Juste s'oppose à tous les projets de Thémistocle, même à ceux qu'il juge utiles.

Cependant, comme Thémistocle, plein d'audacieux projets de changements, contrariait et tenait en échec toute sa politique, Aristide se vit forcé lui aussi, autant pour se défendre que pour diminuer la puissance de son rival, de s'opposer, contre son propre sentiment, aux actes de Thémistocle ; il valait mieux, pensait-il, que le peuple sacrifiât quelques projets utiles que de laisser Thémistocle se fortifier en imposant partout sa volonté.

Plutarque, *Aristide*, 3, 1

14. « Hétairie », association de camarades, d'amis. C'est l'embryon de nos partis politiques.
15. Il s'agit ici de magistrature politique, telle que l'archontat, la stratégie, etc.

Un moyen de contourner « l'obstacle Thémistocle » : faire appel à un homme de paille, pratique dont l'histoire d'Athènes offre maints exemples.

Souvent aussi Aristide faisait présenter ses propositions par d'autres, afin que Thémistocle, par esprit de rivalité, ne fît pas obstacle à une mesure utile.

Plutarque, *Aristide*, 3, 4

La lutte entre les deux champions était si constante et si impitoyable qu'Aristide avait conscience – et Thémistocle sans doute aussi – qu'elle ne pouvait se terminer que par leur élimination physique.

Finalement, un jour où il combattait une mesure justifiée que proposait Thémistocle, ayant eu le dessus, Aristide ne put s'empêcher de dire, en sortant de l'Assemblée[16], qu'il n'y aurait de salut pour l'Etat athénien que si on les précipitait à la fois, Thémistocle et lui-même, dans le *barathre*[17].

Plutarque, *Aristide*, 3, 2

À défaut de cette solution radicale, envisagée de façon humoristique par Aristide, il restait à l'un des champions l'arme de l'ostracisme, qu'utilisa avec succès Thémistocle en 483/2. Plutarque ne le nomme pas, mais l'histoire d'Athènes nous montre que l'idée d'ostraciser un homme politique ne germait pas dans le peuple, elle se présentait à l'esprit d'un orateur comme le moyen, le moment venu, de se débarrasser de son principal adversaire, à charge pour lui de convaincre le peuple. Il est hors de doute que Thémistocle y recourut quand il sentit que le Juste finissait par lasser les Athéniens.

16. Il s'agit de l'Ecclèsia ou Assemblée du peuple, qui prenait les décisions les plus importantes.
17. Ancienne carrière de marbre, située peut-être à l'ouest de l'Acropole, où l'on précipitait les condamnés pour crime politique et pour sacrilège.

Quant à Aristide, son surnom[18] d'abord le fit aimer, puis suscita contre lui l'envie, surtout quand Thémistocle fit courir dans le peuple le bruit qu'Aristide, en jugeant et décidant de tout, avait réduit à rien les tribunaux et s'était clandestinement constitué une monarchie sans gardes du corps. Déjà, sans doute aussi, le peuple, enorgueilli par la victoire[19] et nourrissant les plus grandes prétentions, supportait mal ceux que leur nom et leur réputation élevaient au-dessus de la foule. C'est ainsi que les Athéniens, s'étant rassemblés de tout le pays dans la ville, prononcèrent l'ostracisme contre Aristide, en déguisant sous le nom de peur de la tyrannie la jalousie que leur inspirait sa renommée.

Plutarque, *Aristide*, 7, 1-2

Plutarque expose assez bien les aspects politiques de cette institution, sans voir cependant qu'elle fut généralement détournée de son but, prévenir le retour de la tyrannie, et utilisée comme arme politique pour éliminer un adversaire. Historiquement, nous constatons que l'ostracisme fut pratiqué de 487 à 417/6, soit pendant 80 ans. L'ostracisme truqué de 417 dont fut victime Hyperbolos discrédita l'institution. En outre, pour se débarrasser d'un adversaire, les hommes politiques disposaient d'autres procédures beaucoup moins lourdes. Plutarque décrit l'essentiel du mécanisme.

Voici, sommairement ce qui se passait. Chacun prenait un tesson[20] et y inscrivait le nom du citoyen qu'il voulait bannir, puis il le portait dans un endroit de l'Agora entouré d'une barrière circulaire. Les magistrats comptaient d'abord la totalité des tessons déposés. Si les votants étaient moins de six mille, l'ostracisme n'avait pas lieu. Puis l'on comptait séparément

18. « Le Juste ».
19. De Marathon (490).
20. Du mot *ostrakon*, « carapace, coquille », appliqué par analogie aux objets en terre cuite et, en particulier, au fameux « tesson » d'argile utilisé comme bulletin de vote en cette circonstance.

les tessons portant chaque nom, et l'homme qui avait contre lui le plus grand nombre de votes était proclamé banni pour dix ans, mais sans perdre la jouissance de ses biens.

Plutarque, *Aristide*, 7, 5-6

Au cours des décennies 470 et 460, Thémistocle eut en face de lui un autre adversaire de poids, Cimon, fils de Miltiade, le vainqueur de Marathon.

Dès que Cimon se lança dans la politique, le peuple l'accueillit avec joie et, lassé de Thémistocle, l'éleva aux plus grands honneurs et aux plus hautes charges de l'Etat, d'autant qu'il était bien vu de la foule à cause de sa mansuétude et de sa simplicité.

Plutarque, *Cimon*, 5, 5

Naturellement, Aristide le soutint contre Thémistocle.

Le principal auteur de son élévation fut Aristide, fils de Lysimaque, qui, voyant son excellent naturel, fit de lui comme un contrepoids à l'habileté et à l'audace de Thémistocle.

Plutarque, *Cimon*, 5, 6

Les camps sont bien en place : Thémistocle à la tête du parti démocratique, Aristide et Cimon, chefs du parti aristocratique.

La politique de Cimon était aristocratique et laconisante[21]. Il était, en effet, avec Aristide, l'adversaire de Thémistocle qui exaltait à l'excès la démocratie.

Plutarque, *Cimon*, 10, 8

21. Les aristocrates athéniens étaient le plus souvent des admirateurs de Sparte ou Lacédémone (en Laconie). Favorables aux institutions et à la politique des Lacédémoniens, on les disait donc « laconisants ».

Avec de tels adversaires, le combat ne pouvait être que rude. Le bouillant Thémistocle eut des moments de découragement.

Si le jeune homme fait la culbute, on ne le laisse pas se démoraliser, mais on le remet sur pieds et on ranime son courage, suivant l'exemple d'Aristide et de Mnésiphilos[22] qui relevèrent et réconfortèrent, l'un Cimon, l'autre Thémistocle, qui, au début, étaient détestés de leurs concitoyens et décriés comme d'insolents débauchés.

Plutarque, *Si la politique est l'affaire des vieillards*, 795 C

Thémistocle dut se souvenir alors de l'avertissement de son père.

Il y en a qui disent que son père, pour le détourner de la carrière politique, lui montra sur le bord de la mer les vieilles trières abandonnées et négligées, en l'avertissant que le peuple traite de même ses conseillers, lorsqu'ils sont hors de service.

Plutarque, *Thémistocle*, 2, 8

22. Le maître de Thémistocle, voir p. 12.

LE CRÉATEUR DE LA FORCE
DE FRAPPE ATHÉNIENNE

483-482

En 483/2, la mise au jour d'un nouveau filon à Maronée, dans les mines d'argent du Laurion[1], propriété de l'État athénien, apporte un surplus considérable de revenus. Que va-t-on en faire ? Le répartir sur le peuple, comme on le faisait depuis longtemps pour le revenu annuel des mines ? C'est ce à quoi s'attendaient les Athéniens. Thémistocle proposa une autre affectation.

Comme le trésor public d'Athènes regorgeait d'argent provenant des mines du Laurion, chacun allait en recevoir sa part à raison de dix drachmes[2] par tête ; Thémistocle les avait alors persuadés de renoncer à cette répartition, et, avec cet argent, de construire deux cents vaisseaux pour la guerre ; il voulait parler de la guerre contre les Éginètes.

Hérodote, *Histoires*, 7, 144

Les auteurs anciens divergent sur le montant du surplus : 50 talents, si l'on fait le calcul à partir de l'indication d'Hérodote « dix drachmes par tête ». Mais Hérodote n'était certainement pas conscient des implications de cette donnée chiffrée. Deux cent

1. Le massif du Laurion est situé à la pointe sud-est de l'Attique, près du cap Sounion. Ces mines argentifères furent exploitées depuis la plus haute antiquité jusqu'à nos jours (fermées en 1977). Des archéologues français y mènent actuellement des recherches.
2. Une drachme valait 6 oboles. Vers le milieu du Ve siècle, le salaire quotidien du marin athénien était de 2 oboles. Les 10 drachmes attendues des mines du Laurion représentaient donc un mois de salaire.

talents, si l'on retient plutôt les 200 navires du même Hérodote ?
L'analyse des sources conduit à la conclusion suivante : avec les
100 talents supplémentaires de Maronée, on construisit 100 trières
supplémentaires[3]. On s'accorde, en effet, pour dire qu'au Ve siècle
la construction d'une trière coûtait un talent.

Comme les Athéniens avaient l'habitude de se répartir
le produit des mines d'argent du Laurion, seul, il osa monter à la tribune, pour déclarer qu'il fallait renoncer à ces
distributions et, avec cet argent, construire des trières pour
soutenir la guerre contre les Éginètes, guerre qui était alors
la plus violente de toutes en Grèce, ces insulaires ayant, grâce
au nombre de leurs vaisseaux, la maîtrise de la mer. Cette
situation permit à Thémistocle de persuader plus facilement
ses concitoyens, non pas en mettant en avant pour les effrayer
Darius et les Perses (car ceux-ci étaient bien loin et l'on ne
craignait pas trop leur retour), mais en utilisant à propos
le ressentiment et la jalousie des Athéniens à l'égard des
Éginètes pour les engager à équiper la flotte. Avec l'argent
des mines, on construisit cent trières, qui servirent aussi
dans le combat naval contre Xerxès.

Plutarque, *Thémistocle*, 4, 1-3

Sur le processus technique, certaines sources sont explicites.

Deux ans après, sous l'archontat de Nicodémos[4], quand
furent découvertes les mines de Maronée et que l'État
eut retiré de l'exploitation cent talents de bénéfice, certains conseillaient de distribuer l'argent au peuple, mais
Thémistocle s'y opposa : sans dire à quoi servirait l'argent,

---

3. Un talent (unité de compte en l'occurrence : 6 000 drachmes).
Comme il sera assez souvent question de talents dans les chapitres
suivants, il est utile d'avoir en tête cette donnée : un Athénien qui
possède 2 ou 3 talents est vraiment riche.
4. L'archontat de Nicodémos est daté de 483/2.

il conseilla de prêter un talent à chacun des cent plus riches Athéniens ; puis, si l'emploi était agréé, de porter la dépense au compte de la ville, et, dans le cas contraire, de recouvrer l'argent sur ceux qui l'auraient emprunté. Quand il eut reçu l'argent à ces conditions, il construisit cent trières, chacun des cent en construisant une ; ce fut avec elles que les Athéniens combattirent à Salamine contre les Barbares.

Aristote, *Constitution d'Athènes*, 22, 7

Hérodote, Aristote et Plutarque ont indiqué que Thémistocle s'opposa aux autres orateurs (ceux qui prônaient la distribution au peuple). Aelius Aristide le souligne plus nettement encore.

Comme la cité avait de larges disponibilités provenant de l'exploitation des mines d'argent et que l'on allait en faire l'objet d'un futile partage, seul entre tous il osa s'y opposer.

Aelius Aristide, *Discours*, 46, 187

On a vu que l'argument utilisé par Thémistocle fut la guerre contre Égine. Mais les Athéniens qui délibérèrent à l'Ecclèsia à l'époque de cette guerre (483-482), avaient tous en mémoire le débarquement perse à Marathon (490). Ils savaient aussi que Xerxès faisait, depuis le printemps 484, d'énormes préparatifs en vue d'une invasion de la Grèce. Quand on lit Aristote et Plutarque à la lumière de ces faits, on devine qu'Égine ne fut pour Thémistocle qu'un bon prétexte. Aelius Aristide, lui, est explicite, et son témoignage est corroboré par le portrait de notre héros dressé par Thucydide, dans lequel il soulignait sa capacité à prévenir les événements[5].

Il invitait les Athéniens à ne pas tenir compte de la distribution et à se construire des navires avec les fonds, soi-disant pour les affecter à la guerre contre Égine – car elle

5. Voir p. 16.

était alors en cours – mais, en réalité, parce qu'il prévoyait les événements à venir et parce qu'il croyait que la bataille de Marathon avait été comme un prélude pour les Athéniens et ne constituait ni le plus haut période pour toute la guerre ni un terme, mais plutôt un commencement et une préparation à une série d'autres luttes majeures.

Aelius Aristide, *Discours*, 46, 187

Plutarque aussi souligne cette faculté de prévision chez le grand homme.

Les Athéniens croyaient que la défaite des Barbares à Marathon était la fin de la guerre, tandis que pour Thémistocle elle n'était que le prélude de plus grands combats, en vue desquels il s'entraînait lui-même sans cesse et exerçait la ville afin de pouvoir sauver la Grèce tout entière dans cet avenir qu'il prévoyait de loin.

Plutarque, *Thémistocle*, 3, 5

À la fin de son exposé sur « la loi navale »[6] de Thémistocle, Aristote note froidement la concomitance entre cette « loi » et l'ostracisme[7] d'Aristide.

C'est dans ces circonstances que fut ostracisé Aristide, fils de Lysimaque.

Aristote, *Constitution d'Athènes*, 22, 7

Comme on l'a vu plus haut, le caractère implacable du combat qui opposait les deux grands adversaires politiques du moment et le fait qu'Aristide prenait systématiquement le contre-pied de

6. Les historiens modernes désignent ainsi la proposition de Thémistocle adoptée par l'Ecclèsia sur l'utilisation des revenus supplémentaires du filon de Maronée.

7. Voir p. 24, n. 18.

*Thémistocle nous amènent à penser qu'il s'opposa à « la loi navale »
et que Thémistocle saisit l'occasion pour le faire ostraciser.*

*Et naturellement, il sera en position de force en 480, au moment
de l'invasion de Xerxès, pour jouer le premier rôle dans les batailles
navales de l'Artémision et de Salamine.*

COMMENT FAIRE PARLER
LES ORACLES

En 484, le roi de Perse Xerxès décide d'envahir la Grèce et lance de grands préparatifs. Tout le long du littoral thrace, il installe des entrepôts de vivres et de matériel. À la racine de la péninsule de l'Akté[1], il entreprend le percement d'un canal de 2 km de long et de 20 m de large par où passera sa flotte. Les Grecs voient ces préparatifs. Effrayés, ils courent à Delphes consulter la célèbre Pythie, par la bouche de laquelle parle Apollon.

À ce que disent les Argiens, voici comment les choses se passèrent en ce qui les concerne. Ils auraient été instruits dès l'origine des dangers qui, du fait du Barbare, se levaient contre la Grèce ; instruits de cela et ayant compris que les Grecs essaieraient de se les adjoindre contre le Perse, ils avaient envoyé des théores[2] à Delphes pour demander au dieu ce qu'il serait préférable de faire (…). Et la Pythie, en réponse à leur question, aurait rendu cet oracle :

— Peuple détesté de tes voisins, cher aux dieux immortels, tiens-toi sur tes gardes, assis à l'intérieur ; la tête sauvera le corps.

Hérodote, *Histoires*, 7, 148

---

1. C'est l'actuel mont Athos.
2. Un théore est un ambassadeur religieux.

Les Crétois, sollicités de se joindre aux « résistants », font de même.

Ils envoyèrent à Delphes en leur nom commun des théores et demandèrent au dieu pour eux s'il valait mieux porter secours à la Grèce. La Pythie répondit :

– Insensés, vous vous plaignez de tous les sujets de larmes que Minos vous a envoyés dans sa colère, pour avoir vengé l'injure faite à Ménélas, alors qu'eux n'avaient pas aidé à tirer vengeance de sa mort à Camicos, et que vous, vous les avez aidés à venger l'enlèvement à Sparte d'une femme par un Barbare ?

Quand on eut rapporté aux Crétois cette réponse et qu'ils en eurent pris connaissance, ils s'abstinrent de porter secours.

Hérodote, Histoires, 7, 169

Après avoir expliqué l'allusion à Minos[3], Hérodote conclut.

En leur rappelant ces événements, la Pythie les retint de secourir la Grèce, ainsi qu'ils voulaient le faire[4].

Hérodote, Histoires, 7, 171

Vraisemblablement la plupart des cités grecques firent la même démarche auprès de l'oracle le plus célèbre de l'époque. Une trentaine de cités cependant (dont Corinthe, Sparte et Athènes), décident de se battre. Elles tiennent congrès à Corinthe, à l'été 481, et scellent par le serment une alliance militaire. Première décision : défendre

---

3. Les Crétois avaient autrefois assisté les Grecs pour venger l'injure faite à Ménélas (guerre de Troie), et cela leur avait coûté cher. Les Grecs, eux, ne les avaient pas aidés à venger la mort de leur roi Minos, assassiné en Sicile tandis qu'il poursuivait Dédale.

4. Ce n'est ni le hasard ni une inspiration divine qui peuvent expliquer cette heureuse coïncidence, voir la suite du chapitre.

*la Grèce à la frontière entre la Thessalie et la Macédoine. Le
contingent athénien est sous les ordres de Thémistocle.*

Les Grecs, en conséquence, décidèrent d'envoyer en
Thessalie, par mer, des troupes de terre pour garder le passage ; quand cette armée eut été rassemblée, elle fit voile
par l'Euripe[5]. Arrivée à Alos en Achaïe[6], elle débarqua et se
rendit en Thessalie, laissant là les navires, et parvint à Tempé,
où se trouve la passe conduisant de la basse Macédoine en
Thessalie le long du fleuve Pénée, entre les monts Olympe
et Ossa. Là campa un rassemblement d'environ dix mille
hoplites grecs, auxquels s'adjoignait la cavalerie thessalienne ;
le commandant des Lacédémoniens était Euainétos, fils de
Carénos, choisi parmi les polémarques[7], bien qu'il ne fût
pas de la race royale ; celui des Athéniens était Thémistocle,
fils de Néoclès.

Hérodote, Histoires, 7, 173

*Mais, se rendant compte que la position n'est pas tenable et
qu'ils vont être débordés par l'est, les Grecs, au bout de quelques
jours, se replient pour défendre la Grèce plus au sud, au niveau d'un
double verrou : sur terre, au défilé des Thermopyles et, en face, sur
mer, au cap Artémision. En août 480, le « rouleau compresseur »[8]
perse arrive sur ce verrou. Vont alors se livrer simultanément les
combats des Thermopyles[9] et ceux de l'Artémision. Terrorisés à la*

5. Détroit entre le continent grec et l'île d'Eubée.
6. Il s'agit de l'Achaïe Phthiotide, limitrophe de la Thessalie.
7. À Sparte, les polémarques sont des officiers qui secondent le
roi sur le champ de bataille.
8. J'emprunte l'expression à Édouard Will, *op. cit.*, p. 106 (voir
la bibliographie). Environ 500 000 hommes déferlent d'Asie sur la
Grèce (effectifs terrestres 100 000, maritimes 300 000, intendance
50 000), « le plus grand déploiement de forces de l'Antiquité » (Will,
p. 106, qui veut s'en tenir à des nombres raisonnables).
9. Avec 300 Spartiates menés par le roi Léonidas. Voir *La Véritable
Histoire des héros spartiates*, Les Belles Lettres, 2010.

vue d'une flotte dix fois plus nombreuse, les Péloponnésiens veulent se replier sur l'isthme de Corinthe. Thémistocle réussit à persuader ses collègues en les achetant[10]. Puis, trois jours de tempête ayant désorganisé la flotte ennemie qui s'était installée sur un mouillage incommode, Thémistocle saisit l'occasion d'expérimenter la fameuse tactique athénienne du « diekplous »[11].

À la fin de l'après-midi, ils prirent le large pour attaquer les Barbares, dont ils voulaient éprouver les capacités guerrières et manœuvrières. Les voyant se porter à l'attaque avec un petit nombre de vaisseaux, les soldats de Xerxès et leurs chefs les crurent tout à fait atteints de folie ; ils prirent aussi le large, pensant bien s'en rendre maître aisément, ce qui n'était nullement déraisonnable quand ils voyaient que les vaisseaux des Grecs étaient peu nombreux, tandis que les leurs l'emportaient de beaucoup en quantité et valaient mieux. Dans cette conviction, ils les enveloppèrent au milieu d'eux (…). Les Grecs, au premier signal, présentant leurs proues aux Barbares, rassemblèrent leurs poupes au centre de leur formation ; puis, au second signal, passèrent à l'action, bien qu'ils fussent enfermés dans un étroit espace et dussent attaquer de front. Dans cette affaire, ils s'emparèrent de trente vaisseaux barbares (…). La nuit sépara les adversaires, engagés dans un combat naval qui demeura indécis.

Hérodote, *Histoires*, 8, 9-11

La grande bataille du lendemain, qui engage toutes les forces en présence, cause de très lourdes pertes des deux côtés. Les Grecs

10. Voir le chapitre « Du bon usage de l'argent ».
11. La tactique du « *diekplous* » consiste pour une trière à passer, toutes rames repliées, entre (*dia*) deux navires ennemis pour briser leurs rames et, une fois sortie (*ek*) de là, à opérer un rapide demi-tour pour éperonner l'un des navires. La flotte athénienne excellera dans cette manœuvre durant le Ve siècle.

décident de se replier. La nouvelle de la chute des Thermopyles[12]
accélère le retrait. Thémistocle, tout en prenant des mesures pour
le ravitaillement de la troupe, lance alors des opérations de guerre
psychologique.

Thémistocle avait réfléchi que, si l'on détachait du bloc
des forces barbares les contingents de race ionienne et de
race carienne, on pourrait être en état d'avoir le dessus sur le
reste ; comme les Eubéens ramenaient du bétail au bord de
la mer, il réunit en ce lieu les commandants et leur dit qu'il
pensait avoir le moyen de faire faire défection aux meilleurs
des alliés du Roi ; il ne révéla rien de plus, mais ajouta que,
pour l'instant, ce qu'il y avait à faire était d'abattre autant de
bétail eubéen qu'on voudrait ; car il valait mieux qu'il profitât
à l'armée qu'aux ennemis ; et il engagea les commandants
à ordonner à chacun de ses hommes d'allumer des feux ;
pour la mise en route, il aurait soin d'en fixer lui-même le
moment pour qu'on pût arriver en Grèce sans accident. On
approuva ce programme ; aussitôt des feux furent allumés,
et on attaqua les troupeaux.

Hérodote, Histoires, 8, 19

Comment semer la discorde chez l'ennemi ?

Ayant choisi dans la flotte athénienne les meilleurs
vaisseaux, Thémistocle fit le tour des lieux où il y avait de
l'eau potable, et y fit graver sur les pierres des inscriptions
que les Ioniens purent lire en arrivant le lendemain à l'Artémision. Voici ce que disaient ces inscriptions : « Hommes
d'Ionie, vous n'agissez pas justement quand vous faites
campagne contre vos pères et travaillez à asservir la Grèce.

---

12. Une fois les Thermopyles forcées, si la flotte grecque restait
à l'Artémision, elle risquait d'être bloquée par les troupes terrestres
qui, au niveau de Chalcis, lui auraient barré l'étroit chenal de l'Euripe,
route vers le sud.

Ce qui serait le mieux, ce serait de passer de notre côté ; si vous ne pouvez le faire, tenez-vous désormais à l'écart des combats qui nous sont livrés, et priez les Cariens d'agir de même ; si ni l'un ni l'autre n'est possible, si vous êtes sous le joug d'une trop forte contrainte pour pouvoir faire défection, conduisez-vous volontairement en lâches dans l'action quand nous nous combattrons, vous souvenant que vous êtes nés de nous et que c'est vous qui êtes à l'origine de notre conflit avec le Barbare. »[13] En écrivant ces choses, Thémistocle avait, ce me semble, un double but : il voulait, ou bien si ces inscriptions restaient ignorées du Roi, qu'elles décident les Ioniens à changer de camp et à passer du côté des Grecs, ou bien, quand on les aurait rapportées à Xerxès et qu'on en aurait fait un thème de calomnies, qu'elles rendent les Ioniens suspects et qu'on les tienne à l'écart des combats navals.

Hérodote, Histoires, 8, 22-23

Les alliés péloponnésiens, songeant à leur seul salut, veulent se replier sur l'Isthme. Inacceptable pour Thémistocle qui veut avoir le temps de procéder à l'évacuation d'Athènes. Il parle au nom des Athéniens.

L'armée navale des Grecs, partie de l'Artémision, vint à la prière des Athéniens, mouiller à Salamine. Voici pourquoi les Athéniens avaient insisté auprès des alliés pour qu'on s'arrêtât sur la côte de Salamine : ils voulaient pouvoir conduire eux-mêmes hors de l'Attique leurs enfants et leurs femmes, et aussi discuter de ce qu'ils auraient à faire ; car, dans l'état où en étaient les choses, ils devaient tenir conseil,

---

13. Allusion à la révolte de l'Ionie (499-493). Les Athéniens avaient envoyé 20 navires pour soutenir les révoltés et avaient participé à la prise et à l'incendie de la capitale satrapique Sardes. Hérodote reprend la tradition selon laquelle les guerres Médiques seraient la vengeance perse pour cette agression athénienne.

leurs prévisions ayant été déjouées. Ils pensaient trouver les Péloponnésiens campés en Béotie avec toutes leurs forces dans l'attente des Barbares ; mais ils n'avaient rien trouvé de tel ; au contraire, ils apprenaient que les Péloponnésiens fortifiaient l'Isthme d'un mur, attachant le plus grand prix au salut du Péloponnèse et en assurant la garde, sans se soucier de défendre le reste. C'est en apprenant ces nouvelles qu'ils avaient insisté auprès des alliés pour qu'on s'arrêtât sur la côte de Salamine.

Hérodote, *Histoires*, 8, 40

Il doit se battre sur un autre front : la majorité de ses concitoyens ne veut pas abandonner Athènes.

Cependant Xerxès était descendu à travers la Doride et, ayant pénétré en Phocide, se mit à incendier les villes des Phocidiens, sans que les Grecs viennent à leur secours. Les Athéniens les pressaient en vain d'aller à sa rencontre en Béotie, pour couvrir l'Attique, comme eux-mêmes avaient envoyé leurs vaisseaux à l'Artémision pour les défendre. Personne ne les écouta ; tous s'accrochaient au Péloponnèse et voulaient ramasser toutes leurs forces en deçà de l'Isthme, puis le barrer par un mur allant d'une mer à l'autre. Alors les Athéniens furent à la fois saisis de rage devant cette trahison et de découragement et de douleur devant leur isolement. Ils ne songeaient pas à combattre tant de myriades d'ennemis. Le seul parti qui leur restait à prendre pour le moment, c'était d'abandonner leur ville et de s'attacher à leurs vaisseaux. Mais la plupart d'entre eux ne voulaient pas en entendre parler. Peu leur importait la victoire, et le salut n'avait pas de sens pour eux, s'ils devaient livrer à l'ennemi les temples des dieux et les tombeaux sacrés de leurs pères.

Plutarque, *Thémistocle*, 9, 3-5

Convaincre les Athéniens de quitter leur ville, tâche impossible même pour un orateur éloquent. Thémistocle va donc utiliser le puissant levier religieux et faire en sorte que se produisent les signes divins appropriés[14]. Le mieux serait encore que l'oracle de Delphes se prononce. Mais, comme les autres Grecs, Athènes l'avait déjà consulté.

Les Athéniens avaient envoyé à Delphes des théores qui se disposaient à consulter ; ils avaient accompli autour du sanctuaire les cérémonies rituelles, ils venaient d'entrer dans le *mégaron*[15], ils s'asseyaient quand la Pythie, qui avait nom Androniké, proféra ces paroles prophétiques :

– Malheureux, pourquoi vous tenez-vous assis ? Quitte ta demeure et les hauts sommets de ta ville circulaire ; fuis aux extrémités de la terre. Ni la tête ne reste solide ni le corps ; ni l'extrémité des jambes ni les mains ni rien de ce qui est au milieu n'est épargné ; tout est réduit à un état pitoyable, détruit par l'incendie et l'impétueux Arès[16] monté sur un char syrien. Il ruinera aussi beaucoup d'autres forteresses et pas seulement la tienne ; il livrera à la violence du feu bien des temples des dieux, dont maintenant les images, debout, ruissellent de sueur et tremblent d'épouvante, cependant qu'au faîte du toit coule un sang noir, présage de calamités inévitables. Mais sortez du lieu saint et opposez au malheur du courage.

Hérodote, *Histoires*, 7, 140

« Fuir aux extrémités de la terre » va à l'encontre de la stratégie de Thémistocle : le seul lieu où l'on puisse vaincre le Perse est le détroit de Salamine. Or il sait qu'on peut acheter l'oracle. Ainsi

14. Voir p. 95.
15. Le *mégaron* est la grande salle du temple d'Apollon, comprise entre le *prodomos* (entrée) et l'*opisthodome* (arrière du temple), où se tenaient les fidèles durant la consultation de l'oracle.
16. Dieu de la guerre.

firent, 50 ans plus tôt, les Alcméonides, exilés par le tyran Pisistrate, qui voulaient rentrer à Athènes grâce à l'épée spartiate[17].

À ce que racontent les Athéniens, ces hommes[18] établis à Delphes, obtinrent à prix d'argent de la Pythie que, chaque fois que des Spartiates, soit à titre privé, soit à titre public, viendraient consulter l'oracle, elle les invitât à délivrer Athènes.

Hérodote, *Histoires*, 5, 63

Les vraies murailles d'Athènes étant pour Thémistocle sa flotte, ces trières qu'il a fait construire quelques années auparavant[19], *il faudra que l'oracle parle de « murs de bois ».*

Lorsque les théores des Athéniens eurent entendu ces paroles[20], ils furent affligés au plus haut point. Les voyant consternés par l'annonce du désastre qui leur était prédit, Timon, fils d'Androboulos, citoyen de Delphes des plus considérés[21], leur conseilla de prendre des rameaux de suppliants[22]. Les Athéniens suivirent ce conseil ; ils adressèrent au dieu cette prière :

17. Quelques années avant la seconde guerre Médique, le roi de Sparte Cléomène avait aussi acheté la Pythie pour faire destituer son collègue Démarate, voir Hérodote, *Histoires*, 6, 66 et 75.
18. « Ces hommes » désignent les Alcméonides, richissime famille aristocratique d'Athènes.
19. Voir le chapitre « Le créateur de la force de frappe athénienne ».
20. « Ces paroles » renvoient au premier oracle. Le second oracle, en réalité, n'a été rendu que longtemps après : voir ce qui a été dit plus haut (p. 33 et suiv.) de la consultation de Delphes par les cités grecques.
21. Thémistocle passe par l'intermédiaire d'un citoyen influent de Delphes, auquel il a remis la somme nécessaire.
22. Dans des circonstances graves, on se présente devant un dieu ou un homme en « suppliant » officiel, protégé par un statut religieux

– O Seigneur, fais-nous quelque réponse favorable au sujet de notre patrie, par égard pour ces rameaux de suppliants avec lesquels nous venons à toi ; ou bien nous ne sortirons pas du lieu saint, mais nous resterons ici jusqu'à la mort.

En réponse à cette prière, la Pythie leur rendit ce second oracle :

– Pallas[23] ne peut fléchir tout à fait Zeus Olympien, bien qu'elle use pour le supplier de beaucoup de paroles et d'une prudence avisée ; mais je te ferai encore cette réponse, à laquelle j'attache l'inflexibilité de l'acier. Quand sera conquis tout le reste de ce qu'enferment la colline de Cécrops[24] et l'antre du divin Cithéron[25], Zeus au vaste regard accorde à Tritogénie[26] qu'un rempart de bois soit seul inexpugnable, qui sauvera et toi et tes enfants. Ne va pas attendre sans bouger la cavalerie et l'armée de terre qui arrive en foule du continent ; recule, tourne le dos ; un jour viendra bien encore où tu pourras tenir tête. O divine Salamine, tu perdras, toi, les enfants des femmes, que ce soit à quelque moment où le don de Déméter est répandu ou bien est recueilli.

Cette réponse parut aux théores moins dure que la précédente, ce qu'elle était en effet ; ils la mirent par écrit[27] et partirent pour Athènes.

Hérodote, *Histoires*, 7, 141-142

et en se conformant à certains rites, par exemple porter des rameaux, embrasser les genoux de la personne suppliée.

23. Pallas, autre appellation d'Athéna.

24. Cécrops, premier roi mythique d'Athènes, avait son tombeau dans l'Érechthéion.

25. La montagne du Cithéron est à la frontière de la Béotie et de l'Attique.

26. Tritogénie, autre épithète d'Athéna.

27. C'est le clergé delphique qui, en réalité, rédigeait en vers les oracles. C'est donc lui qu'il a fallu acheter.

Il ne reste plus maintenant à Thémistocle qu'à faire une expli-
cation de texte.

Lorsqu'ils furent de retour et firent leur rapport à l'Assemblée du peuple, beaucoup d'opinions furent exprimées pour expliquer l'oracle ; et celles-ci surtout s'opposèrent : quelques vieillards disaient qu'à leur avis le dieu précisait que l'Acropole échapperait au désastre ; car autrefois l'acropole d'Athènes était fortifiée d'une palissade ; ils supposaient donc que c'était là « la muraille de bois » ; les autres au contraire disaient que c'étaient les vaisseaux que le dieu voulait désigner ; ils engageaient à les équiper en négligeant tout le reste. Or, ceux qui soutenaient que les vaisseaux étaient « la muraille de bois » étaient mis dans l'embarras par les deux derniers vers qu'avait prononcés la Pythie : « O divine Salamine, tu perdras, toi, les enfants des femmes, que ce soit à quelque moment où le don de Déméter est répandu ou bien est recueilli. » L'opinion de ceux qui identifiaient vaisseaux et « mur de bois » était fortement contestée en raison de ces deux vers, parce que les chresmologues[28] prenaient ces mots en ce sens que, si les Grecs se disposaient à un combat naval, ils devaient être vaincus dans les eaux de Salamine. Or, il y avait à Athènes un homme nouvellement parvenu au rang des premiers citoyens[29] ; il avait nom Thémistocle, Thémistocle, fils de Néoclès. Cet homme contesta que l'interprétation des chresmologues fût de tout point exacte ; si vraiment, observait-il, la prophétie était adressée aux Athéniens, le dieu, à son avis, n'y aurait pas fait usage, comme il le faisait, d'un mot plein de douceur ; « *infortunée* Salamine », aurait-il dit,

28. Les chresmologues collectionnaient et interprétaient les oracles, sans être cependant des exégètes officiels.
29. Archonte en 493/2, Thémistocle n'était pas « nouvellement parvenu » au premier rang. Hérodote fait peut-être allusion au succès de sa politique navale.

et non « *divine* Salamine », si les habitants avaient dû périr
dans les eaux de cette île ; mais, pour quiconque interprétait
bien l'oracle, c'étaient les ennemis que le dieu avait en vue,
et non les Athéniens. Thémistocle conseillait de se préparer
pour un combat naval, comprenant en ce sens ce qu'était
« la muraille de bois ». Les Athéniens, quand il leur exposa
cet avis, le jugèrent préférable pour eux à celui des chresmologues, qui ne voulaient pas qu'on songeât à un combat
naval, ni même, pour tout dire d'un mot, qu'on fît aucune
résistance, mais conseillaient qu'on abandonnât l'Attique
pour s'établir dans un autre pays.

Hérodote, *Histoires*, 7, 142-143

*L'évacuation d'Athènes est donc décidée. La population se réfugie
à Trézène, Épidaure et Salamine. Il ne reste plus en ville qu'un
petit nombre d'hommes... qui affronteront les Perses.*

Les Barbares s'emparèrent de la basse ville, qui était
déserte, et ne trouvèrent, réfugiés dans le sanctuaire, qu'un
petit nombre d'Athéniens, les trésoriers du trésor sacré et
de pauvres gens qui avaient barricadé[30] l'Acropole avec
des portes et des madriers et repoussaient les assauts ; le
manque de ressources les avait empêchés de partir pour
Salamine, et aussi le sens qu'ils pensaient avoir trouvé à
l'oracle rendu par la Pythie : que « le mur de bois serait
imprenable » ; c'étaient, pensaient-ils, leurs barricades
qui constituaient le refuge désigné par l'oracle, et non
les vaisseaux. Les Perses, établis sur la colline en face
de l'Acropole que les Athéniens appellent l'Aréopage[31],
menaient le siège comme suit : ils attachaient à leurs
flèches de l'étoupe qu'ils enflammaient, et les lançaient

---

30. Sans doute à l'ouest, à l'endroit où seront édifiés plus tard
les Propylées.
31. Au nord-ouest et près de l'entrée principale de l'Acropole,
qui est à l'ouest, voir note précédente.

sur la barricade. Les Athéniens assiégés n'en continuaient pas moins à se défendre, bien que réduits à la dernière extrémité et trahis par leur barricade ; ils n'accueillirent même pas les propositions faites par les Pisistratides[32] en vue d'un accord, mais imaginèrent d'autres moyens de défense, comme de faire rouler sur les Barbares qui voulaient approcher des portes des quartiers de rocher ; si bien que Xerxès fut longtemps embarrassé, ne pouvant s'emparer d'eux. Enfin, pour le tirer d'embarras, une voie se révéla aux Barbares ; car il fallait que, conformément à l'oracle, l'Attique continentale tout entière tombât au pouvoir des Perses. Sur le front de l'Acropole, mais en retrait par rapport à la porte et à la montée qui y conduit, à un endroit où personne ne veillait et qu'on pensait impraticable, par là quelques hommes montèrent, près de la chapelle d'Aglaure[33] fille de Cécrops, en dépit de l'escarpement des lieux. Quand les Athéniens virent ces hommes montés sur l'Acropole, les uns se précipitèrent du haut de la muraille et se tuèrent ; les autres s'enfuirent dans la grande salle du temple. Les Perses qui avaient accompli l'escalade se dirigèrent d'abord vers les portes, qu'ils ouvrirent ; et ils massacrèrent les suppliants ; et, lorsque tous les Grecs furent exterminés, ils pillèrent le sanctuaire et mirent le feu à toute l'Acropole.

Hérodote, *Histoires*, 8, 51-53

32. Sans doute des fils d'Hippias qui, déchu de la tyrannie en 510, avait trouvé refuge auprès du roi de Perse et, présent à Marathon, avait espéré recouvrer son pouvoir à la faveur de l'invasion perse. Ses fils devaient être dans les bagages de l'armée de Xerxès, animés du même espoir.

33. Le sanctuaire d'Aglaure était situé contre la falaise orientale de l'Acropole, dans une grotte.

Autour de Thémistocle se forme l'union sacrée : Cimon et Aristide soutiennent la politique de leur adversaire.

Quand Thémistocle, à l'approche des Mèdes[34], engageait le peuple à abandonner la ville et à quitter le pays pour s'embarquer en armes sur les vaisseaux devant Salamine et combattre sur mer, Cimon fut le premier à l'appuyer : on le vit traverser le Céramique[35] d'un air radieux et monter à l'Acropole avec ses amis pour y consacrer à la déesse un mors de cheval, qu'il tenait à la main, donnant ainsi à entendre que la cité n'avait nullement besoin pour l'instant de vaillants cavaliers, mais de courageux soldats de marine. Après avoir offert le mors, il prit un des boucliers suspendus dans le temple, fit une prière à la déesse et descendit vers la mer, redonnant ainsi du courage à beaucoup d'Athéniens.

Plutarque, *Cimon*, 5, 2-3

Et Thémistocle fait rappeler d'exil Aristide.

S'étant aperçu que les citoyens regrettaient Aristide et craignaient que par rancune il ne se joignît aux Barbares et ne ruinât les affaires de la Grèce (car il avait été banni par ostracisme avant la guerre par le parti de Thémistocle), il proposa un décret en vue de permettre le retour de ceux qui avaient été bannis pour un temps, pour qu'ils puissent parler et agir, avec les autres citoyens, au mieux des intérêts de la Grèce.

Plutarque, *Thémistocle*, 11, 1

34. Voir p. 19, n. 6.
35. Quartier des potiers, au nord-ouest de l'Acropole.

Tandis que son plan s'accomplissait, Thémistocle éprouvait sans doute des sentiments contradictoires.

L'évacuation de la ville vers la mer fut pour les uns un spectacle pitoyable, pour les autres un sujet d'admiration, à cause de l'intrépidité de ces hommes qui envoyaient leurs familles à l'étranger, tandis qu'eux-mêmes, sans se laisser ébranler par les gémissements, les larmes et les embrassements de leurs parents, passaient dans l'île. Pourtant les citoyens qu'on laissait dans la ville à cause de leur vieillesse inspiraient une grande pitié. Même les animaux domestiques montraient pour leur maître une affection attendrissante : ils couraient avec des hurlements de regret à côté de ceux qui les avaient nourris et qui s'embarquaient. On cite entre autres le chien de Xanthippe, père de Périclès, qui, ne pouvant se résigner à être abandonné par lui, sauta dans la mer et, nageant à côté de sa trière, aborda à Salamine, où, à bout de forces, il mourut en arrivant. On dit que le tertre qu'on appelle Kynosséma et qu'on montre encore aujourd'hui est le tombeau de ce chien[36].

Plutarque, *Thémistocle*, 10, 8-10

36. Kynosséma signifie « tombeau du chien ».

LE VAINQUEUR DE SALAMINE

Septembre 480

À Salamine, avant la bataille, c'est la frayeur chez les Grecs : la situation leur paraît désespérée.

Quand les Athéniens réfugiés à Salamine virent l'Attique ravagée par le feu et apprirent que le sanctuaire d'Athéna avait été entièrement détruit, ils éprouvèrent un profond découragement. Pareillement une grande peur s'empara des autres Grecs qui, venus de partout, se trouvaient concentrés dans le Péloponnèse.

Diodore de Sicile, *Bibliothèque historique*, 11, 15, 2

Les Grecs qui étaient à Salamine, quand ils reçurent la nouvelle du sort de l'acropole des Athéniens, furent tellement bouleversés, que certains des stratèges, sans même attendre qu'une décision fût prise dans l'affaire mise en délibération, se précipitèrent sur leurs vaisseaux et hissèrent les voiles, prêts à prendre la fuite ; par ceux qui demeuraient il fut décidé que l'on combattrait devant l'Isthme[1]. La nuit venue, ils se séparèrent au sortir du conseil et montèrent à bord.

Hérodote, *Histoires*, 8, 56

Pour les Péloponnésiens donc, le salut final est derrière le mur de l'isthme de Corinthe. Seul, Thémistocle garde son sang-froid. Salamine, c'est lui qui l'a voulue, car il sait que la seule chance

---

1. L'isthme de Corinthe.

de vaincre est là. Les conseils de guerre se multiplient dans la confusion.

On décida donc que tous ceux à qui avait été confiée la conduite de la guerre tiendraient conseil pour délibérer du lieu le plus favorable pour livrer la bataille navale. Beaucoup d'avis de toute sorte furent émis. Les Péloponnésiens, soucieux de leur seule sécurité, soutenaient que la rencontre devait se faire près de l'Isthme : en effet, une fois celui-ci barré par de solides fortifications, si l'on essuyait une défaite dans le combat sur mer, les vaincus pourraient trouver un refuge tout prêt à les accueillir et sûr, le Péloponnèse ; mais si l'on s'enfermait dans la petite île de Salamine, on tomberait dans des périls où il serait difficile d'être secouru. Thémistocle, lui, conseilla qu'on livrât la bataille navale près de Salamine : un espace étroit donnerait en effet un grand avantage à la flotte qui, avec des bâtiments peu nombreux, livrerait bataille à des vaisseaux très supérieurs en nombre. D'une façon générale, il démontrait que la région de l'Isthme serait tout à fait impropre à cette bataille : le combat se déroulerait, en effet, en pleine mer et l'espace permettrait à la flotte perse d'écraser facilement les effectifs réduits de la flotte grecque, grâce à sa supériorité numérique.

Diodore de Sicile, *Bibliothèque historique*, 11, 15, 2-4

Heureusement Thémistocle reçoit un coup de main d'un compatriote.

Quand Thémistocle fut arrivé sur son vaisseau, Mnésiphilos[2], un Athénien, lui demanda quelles résolutions on avait prises. Lorsqu'il eut appris de lui qu'il avait été décidé de conduire la flotte près de l'Isthme et de livrer bataille en avant du Péloponnèse, il lui dit :

---

2. Le maître de Thémistocle, voir p. 12.

– Eh bien, s'ils lèvent l'ancre et quittent Salamine, il n'y aura plus de patrie pour laquelle tu aies à combattre ; car chacun prendra le chemin de sa ville ; ni Eurybiade[3] ni personne d'autre au monde ne pourra les retenir et empêcher que la flotte ne se désagrège ; et la Grèce périra, victime de mauvais conseils. Mais s'il y a quelque moyen d'y réussir, va, essaie de faire annuler la résolution prise, au cas où tu pourrais persuader Eurybiade de changer d'opinion et de rester ici.

Il fut d'accord ; sans rien répondre aux paroles de Mnésiphilos, il se rendit au vaisseau d'Eurybiade ; et, arrivé là, il dit qu'il voulait l'entretenir d'une affaire d'intérêt commun ; Eurybiade l'invita à monter sur son vaisseau et à parler s'il avait quelque chose à dire. Thémistocle alors, s'asseyant près de lui, développa tous les arguments qu'il avait entendus de la bouche de Mnésiphilos, les prenant à son compte et en ajoutant beaucoup d'autres ; tant et si bien qu'il persuada Eurybiade, à force de prières, de sortir de son vaisseau et de réunir les stratèges en une séance du Conseil.

Hérodote, *Histoires*, 8, 57-58

Le Conseil se réunit : Thémistocle expose sa stratégie.

S'adressant à Eurybiade, il ne répéta rien de ce qu'il lui avait dit précédemment - que, lorsque la flotte aurait levé l'ancre et serait partie de Salamine, elle se disperserait - car il n'eût pas été convenable de sa part, en présence des alliés, de se poser en accusateur ; mais il recourut à d'autres arguments :

– Il est en ton pouvoir, dit-il, de sauver la Grèce, si tu m'écoutes et restes ici pour livrer bataille, au lieu d'écouter les

---

3. Le Spartiate Eurybiade est le généralissime de la flotte grecque.

raisons qu'on te donne et de ramener les vaisseaux à l'Isthme. Entends-moi et mets en balance l'un et l'autre parti. Si tu livres bataille près de l'Isthme, tu combattras en haute mer, ce qui n'est point du tout avantageux pour nous, qui avons des vaisseaux plus lourds et en moins grand nombre ; et, en ce cas, tu perdras Salamine et Mégare et Égine, si même pour le reste nous avons du succès. Et l'armée de terre des Barbares suivra le mouvement de leur armée navale, de sorte que tu la conduiras toi-même contre le Péloponnèse, mettant en péril la Grèce entière. Au contraire, si tu fais ce que je dis, voici les avantages que tu y trouveras. D'abord, combattant dans un détroit avec peu de vaisseaux contre beaucoup, si l'issue de l'engagement est ce qui est probable, nous remporterons une grande victoire ; car il est en notre faveur de combattre à l'étroit ; en la leur, de combattre au large. Ensuite, nous conservons Salamine, où ont été mis en sûreté nos enfants et nos femmes. Et il y a aussi, à prendre ce parti, cet avantage, auquel vous tenez le plus : en demeurant ici, tu combattras pour le Péloponnèse tout comme en combattant près de l'Isthme ; et, si tu es sage, tu n'amèneras pas les ennemis à l'attaque du Péloponnèse. S'il arrive ce que j'espère et que nous remportions la victoire sur mer, les Barbares ne se présenteront pas contre vous à l'Isthme ; ils n'avanceront pas au-delà de l'Attique, ils s'en retourneront en désordre ; et nous y gagnerons de conserver Mégare, Égine et Salamine, où même un oracle prédit que nous triompherons des ennemis. Quand les hommes forment des projets raisonnables, ce qui arrive d'habitude est qu'ils ont un heureux succès ; mais, s'ils en forment de déraisonnables, ce n'est pas l'habitude, et la divinité ne se range pas aux opinions des hommes.

Hérodote, *Histoires*, 8, 60

*Une violente altercation avec le stratège corinthien donne à
Thémistocle l'occasion de lancer une menace décisive.*

Tandis que Thémistocle parlait ainsi, le Corinthien
Adeimantos l'invectiva de nouveau, voulant imposer silence à
un sans-patrie et interdire à Eurybiade de laisser prendre part
au vote un homme qui n'avait pas de cité ; que Thémistocle,
disait-il, montre la cité dont il est citoyen, et qu'ensuite
seulement il donne son avis. Il lui faisait ce reproche parce
qu'Athènes était prise et occupée. Thémistocle, alors, dit
beaucoup de choses dures et pour lui et pour les Corinthiens,
démontrant qu'eux, les Athéniens, avaient une cité et un pays
plus importants que les leurs tant qu'ils posséderaient deux
cents vaisseaux garnis d'équipages et de troupes, parce qu'il
n'y avait pas de Grecs capables de repousser une attaque de
leur part. Et, en même temps qu'il signalait cela, s'adressant
à Eurybiade il lui disait en termes plus véhéments :

– Pour toi, si tu restes ici, ce faisant tu te conduiras en
homme de cœur ; sinon, tu ruineras la Grèce ; car toutes
nos chances en cette guerre reposent sur nos vaisseaux.
Écoute-moi. Si tu ne m'écoutes pas, nous autres, sans tarder,
reprendrons nos familles et nous transporterons en Italie,
à Siris, qui est nôtre déjà de longue date et où les oracles
annoncent que nous devons fonder une colonie[4]. Vous alors,
abandonnés par des alliés tels que nous, vous vous rappel-
lerez ce que je dis.

Les paroles de Thémistocle amenèrent Eurybiade à mieux
comprendre la situation ; à mon avis, ce qui y contribua
surtout, ce fut la crainte de voir les Athéniens déserter s'il

---

4. Siris, sur le golfe de Tarente, était à mi-chemin entre cette
ville et Sybaris. Il était abusif, dans la bouche de Thémistocle de la
dire « nôtre depuis longtemps » : elle avait été fondée par des gens
de Colophon (Asie Mineure), des Ioniens comme les Athéniens.
Quant aux « oracles », il en circulait beaucoup, des faux comme des
authentiques.

conduisait la flotte à l'Isthme ; car, si les Athéniens déser-
taient, le reste des alliés n'était pas capable de tenir tête. Il
adopta donc le parti proposé : rester où l'on était, et livrer
là sur mer un combat décisif. Ainsi, après qu'Eurybiade eut
pris cette résolution, les Grecs, qui à Salamine, s'étaient
livrés à des assauts de discours violents, se préparèrent à
combattre sur mer en ce lieu.

Hérodote, *Histoires*, 8, 61-64

*Les Péloponnésiens n'en continuent pas moins la construction
du mur de l'Isthme. Nouveau coup d'éclat.*

Tel était le labeur auquel se consacraient les Grecs qui
étaient à l'Isthme, convaincus que dès lors ils couraient la
chance de tout sauver ou de tout perdre et n'ayant pas d'espoir qu'on pût, avec la flotte, remporter un brillant succès.
Instruits de ce qu'ils faisaient, ceux qui étaient à Salamine
n'en étaient pas moins pleins d'angoisse ; ce n'était pas tant
pour eux-mêmes qu'ils craignaient que pour le Péloponnèse ;
pendant un temps, ils se parlaient en secret de bouche à
oreille, s'étonnant de la folle imprudence d'Eurybiade ;
mais enfin un éclat public se produisit ; on s'assembla pour
répéter avec beaucoup de paroles les mêmes choses, les uns
disant qu'il fallait se retirer vers le Péloponnèse et affronter
pour lui le sort des armes au lieu de rester devant un pays
conquis par l'ennemi et de livrer bataille pour sa cause ; les
Athéniens, Mégariens, Éginètes, au contraire, qu'il fallait
rester où l'on était et se défendre.

Hérodote, *Histoires*, 8, 74

*À situation exceptionnelle, décision exceptionnelle de Thémistocle
qui va contraindre les Grecs à se battre à Salamine.*

Thémistocle, alors, voyant que l'opinion des
Péloponnésiens allait prévaloir sur la sienne, sortit sans

qu'on s'en aperçût du Conseil et expédia au camp des Mèdes un homme sur une barque, à qui il prescrivit ce qu'il aurait à dire. Cet homme avait nom Sikinnos, il était de la maison de Thémistocle et pédagogue[5] de ses fils ; par la suite, Thémistocle le fit recevoir citoyen de Thespies, quand les Thespiens admirent de nouveaux citoyens ; et il le fit riche. Pour lors, cet homme, arrivé sur sa barque, dit aux commandants des Barbares :

— Le stratège des Athéniens, qui se trouve animé de bons sentiments pour la cause du Roi et souhaite de voir triompher vos armes plutôt que celles des Grecs, m'a envoyé, en cachette des autres Grecs, pour vous faire savoir que les Grecs, terrifiés, projettent de prendre la fuite, et que vous avez l'occasion d'accomplir le plus bel exploit du monde si vous ne les laissez pas échapper. Car ils ne sont pas d'accord entre eux ; ils ne vous opposeront plus de résistance ; et vous les verrez, ceux qui sont pour vous et ceux qui ne le sont pas, combattre les uns contre les autres.

Cette communication faite, l'homme se retira et repartit.

Hérodote, *Histoires*, 8, 75

Aussitôt Xerxès envoie ses 207 navires les plus rapides bloquer les trois passes de Salamine : les Grecs seront pris dans une nasse. Dans leur camp, on continue de se disputer violemment.

Cependant, de vives altercations continuaient entre les stratèges à Salamine. Ils ne savaient pas encore que les Barbares les enveloppaient de leurs vaisseaux, mais les croyaient toujours à la même place où ils les voyaient rangés durant le jour. Tandis qu'ils étaient réunis, arriva d'Égine Aristide, fils de Lysimachos, un Athénien que le peuple avait

---

5. Le pédagogue est, comme l'indique l'étymologie, l'esclave qui conduit les enfants d'une famille à l'école.

ostracisé, un homme que j'estime, d'après ce que j'ai appris de son caractère, avoir été le meilleur d'Athènes et le plus juste. Se tenant à la porte du Conseil, il fit appeler au-dehors Thémistocle, qui, loin d'être son ami, était au contraire son ennemi juré ; mais la gravité des circonstances lui faisait oublier cette inimitié ; il fit donc appeler Thémistocle pour s'entretenir avec lui. Il avait entendu dire auparavant que les gens du Péloponnèse avaient hâte de ramener les vaisseaux vers l'Isthme.

Lorsque Thémistocle fut sorti, Aristide lui dit :

– Il nous faut, s'il le fallut jamais en d'autres circonstances, rivaliser à qui de nous deux fera le plus de bien à sa patrie. Je te le dis : que l'on discute avec les Péloponnésiens en longs discours ou en peu de paroles si la flotte partira d'ici, c'est égal. Je te l'affirme en effet, en homme qui a vu de ses yeux ! Quand bien même les Corinthiens et Eurybiade en personne le voudraient, ils seront maintenant incapables de sortir d'ici ; car nous sommes encerclés par les ennemis. Rentre donc, et annonce-le-leur.

Thémistocle répondit en ces termes :

– Tu me donnes un excellent conseil, et c'est une bonne nouvelle que tu as apportée ; ce que tu m'annonces l'ayant constaté de tes yeux est, ce que, pour mon compte, je désirais voir se produire. Sache-le en effet, c'est à mon instigation que les Mèdes font ce qu'ils font ; il fallait bien, dès lors que les Grecs ne voulaient pas de leur plein gré en venir à livrer bataille, les y obliger malgré eux. Mais toi, puisque tu arrives porteur d'excellentes nouvelles, annonce-les-leur toi-même ; si c'est moi qui le dis, je passerai pour dire des choses que j'aurai inventées, ils ne me croiront pas, convaincus que les Barbares ne font rien de cela. Mais toi, présente-toi devant le conseil, annonce-leur ce qu'il en est. Lorsque tu l'auras fait, s'ils le croient, ce sera pour le mieux ; si tes paroles les laissent incrédules, notre situation sera la même, vu qu'ils ne pourront plus s'échapper, si nous sommes entourés de toutes parts comme tu le dis.

Aristide se présenta devant le Conseil et fit cette communication ; il déclara qu'il venait d'Égine et qu'il avait eu grand-peine à passer à l'insu des vaisseaux postés en observation ; car la flotte grecque était complètement enveloppée par les vaisseaux de Xerxès ; et il conseillait de se tenir prêts, parce qu'on aurait à se défendre. Cela dit, il se retira ; et, de nouveau, il y eut des discussions, la plupart des stratèges n'ajoutant pas foi aux nouvelles. Mais, pendant qu'ils refusaient d'y croire, arriva une trière montée par des Téniens transfuges que commandait Panaitios, fils de Sosiménès ; elle apportait toute la vérité.

Hérodote, *Histoires*, 8, 78-82

Le célèbre stratagème de Thémistocle a réussi : la bataille aura lieu à Salamine. Xerxès, lui, va assister au spectacle de la déroute des Grecs.

À la pointe du jour, Xerxès se plaça sur une hauteur pour observer sa flotte et son ordre de bataille. Cette hauteur était, suivant Phainodémos, au-dessus du sanctuaire d'Héraclès, à l'endroit où l'île n'est séparée de l'Attique que par un étroit passage ; suivant Akestodoros, au contraire, aux confins de la Mégaride, au-dessus des collines qu'on appelle les Cornes. Le Roi s'était fait apporter un siège d'or[6] et il avait près de lui de nombreux scribes chargés de relater par écrit ce qui se passerait dans la bataille.

Plutarque, *Thémistocle*, 13,1

6. Lors de sa retraite, le Roi laissa derrière lui « le trône aux pieds d'argent » qui fut ensuite conservé à l'Acropole comme trophée, voir Démosthène, *Contre Timocrate*, 129.

*Chez les Grecs, finies les hésitations et la frayeur. L'ardeur
guerrière les anime.*

Mais quand le jour aux blancs coursiers épand sa clarté
sur la terre, voici que, sonore, une clameur s'élève du côté
des Grecs, modulée comme un hymne, cependant que l'écho
des rochers de l'île en répète l'éclat. Et la terreur alors saisit
tous les Barbares, déçus dans leur attente ; car ce n'était
pas pour fuir que les Grecs entonnaient ce péan solennel[7],
mais bien pour marcher au combat, pleins de valeureuse
assurance ; et les appels de la trompette embrasaient toute
leur ligne.

Eschyle, Les Perses, 386-395

*Parmi les discours des généraux grecs à leurs troupes, celui de
Thémistocle fit une impression profonde.*

Thémistocle, entre tous, prononça une belle harangue ;
tout son discours fut une comparaison du meilleur et du
pire, tant pour ce qui est du caractère des hommes que de
leur condition ; après avoir terminé sa harangue par une
exhortation à choisir entre les deux le meilleur, il ordonna
de s'embarquer.

Hérodote, Histoires, 8, 83

*En pleine bataille, les échanges verbaux acides entre Grecs
continuent. Thémistocle va en faire les frais.*

Il arriva que se rencontrèrent alors le vaisseau de
Thémistocle, lancé à la poursuite d'un ennemi, et celui de
Polycritos, fils de Crios, d'Égine, qui avait attaqué un vais-
seau sidonien (...). Dès que Polycritos eut aperçu le vaisseau

---

7. Chant de guerre, à l'origine, en l'honneur d'Apollon, le péan
est ici parfaitement en situation. Eschyle a rendu célèbre celui de
Salamine.

athénien, il reconnut à sa vue la marque du vaisseau amiral ; il appela à haute voix Thémistocle et se moqua de lui, l'accablant de reproches à propos du « médisme » des Éginètes[8]. Tels sont les brocards que Polycritos, au moment où il venait de fondre sur un vaisseau, lança contre Thémistocle.

Hérodote, *Histoires*, 8, 92

Dans la baie d'Ambélaki[9], où se déroule l'essentiel de la bataille, les Grecs sont à un contre trois (322 navires grecs, 950 perses). Eschyle qui, dix ans plus tôt, avait combattu à Marathon, est sur une trière athénienne. Soldat et témoin oculaire, il met le récit de la bataille dans la bouche d'un messager perse. Trompettes et péan grecs ont résonné.

Aussitôt les rames bruyantes, tombant avec ensemble, frappent l'eau profonde en cadence, et tous bientôt apparaissent en pleine vue. L'aile droite, alignée, marchait la première, en bon ordre. Puis la flotte entière se dégage et s'avance, et l'on pouvait alors entendre, tout proche, un immense appel :

— Allez, enfants des Grecs, délivrez la patrie, délivrez vos enfants et vos femmes, les sanctuaires des dieux de vos pères et les tombeaux de vos aïeux : c'est la lutte suprême !

Et voici que de notre côté un bourdonnement en langue perse leur répond : ce n'est plus le moment de tarder. Vaisseaux contre vaisseaux heurtent déjà leurs étraves de bronze. Un navire grec a donné le signal de l'abordage :

8. Dix ans plus tôt, les Éginètes avaient, en effet, donné aux envoyés de Darius « la terre et l'eau », c'est-à-dire avaient fait acte d'allégeance, voir Hérodote, *Histoires*, 6, 49-50. Après la victoire définitive de Platées (479), les Grecs jetèrent donc l'opprobre, et châtièrent à l'occasion, ceux qui, d'une façon ou d'une autre, avaient pactisé avec les Mèdes.

9. Voir la carte, p. 167.

il tranche l'aplustre[10] d'un bâtiment phénicien. Les autres mettent chacun le cap sur un autre adversaire. L'afflux des vaisseaux perses d'abord résistait ; mais leur multitude s'amassant dans une passe étroite, où ils ne peuvent se prêter secours et s'abordent les uns les autres en choquant leurs faces de bronze, ils voient se briser l'appareil de leurs rames, et, alors les trières grecques adroitement les enveloppent, les frappent ; les coques se renversent ; la mer disparaît toute sous un amas d'épaves, de cadavres sanglants ; rivages, écueils, sont chargés de morts, et une fuite désordonnée emporte à toutes rames ce qui reste des vaisseaux barbares, tandis que les Grecs, comme s'il s'agissait de thons, de poissons vidés du filet, frappent, assomment, avec des débris de rames, des fragments d'épaves ! Une plainte mêlée de sanglots règne seule sur la mer au large, jusqu'à l'heure où la nuit au sombre visage vient tout arrêter ! Quant à la somme de nos pertes, quand je prendrais dix jours pour en dresser le compte, je ne saurais l'établir. Jamais, sache-le, jamais en un seul jour n'a péri pareil nombre d'hommes.

Eschyle, *Les Perses*, 396-432

Vaincu sur mer, Xerxès demeure en Attique ; puis, ce qui reste de sa flotte fait voile vers l'Asie. Les vainqueurs la poursuivent jusqu'à l'île d'Andros. Thémistocle a un nouveau plan.

Le jour venu, les Grecs, voyant restée sur place l'armée de terre, supposèrent que la flotte, elle aussi, était demeurée au Phalère ; ils pensaient qu'elle allait leur livrer bataille, et se préparaient à la résistance. Lorsqu'ils surent qu'elle était partie, leur idée fut tout d'abord de la poursuivre ; mais quand ils eurent poussé la poursuite jusqu'à Andros sans apercevoir l'armée navale de Xerxès, arrivés à Andros ils

10. Cet ornement à la poupe d'un navire, qui servait d'enseigne, avait aussi une valeur symbolique pour le vainqueur.

tinrent conseil. Thémistocle était d'avis que l'on continuât la poursuite de la flotte en coupant à travers les îles tout droit vers l'Hellespont pour y rompre les ponts de bateaux[11]. Eurybiade émit l'opinion contraire, alléguant que rompre les ponts, ce serait faire à la Grèce le plus grand mal possible. Si, disait-il, le Perse, bloqué, était forcé de rester en Europe, il s'évertuerait à ne pas demeurer inactif ; car, s'il demeurait inactif, il ne pourrait réaliser aucun succès et ne verrait s'ouvrir aucune chance de retourner en Asie ; et son armée mourrait de faim ; si au contraire il tentait quelque entreprise et se mettait résolument à l'œuvre, il se pourrait que l'Europe tout entière se joignît à lui, villes après villes, peuples après peuples, les uns parce qu'ils seraient conquis, les autres parce que, avant de l'être, ils feraient leur soumission : et l'armée aurait toujours pour se nourrir les récoltes annuelles des Grecs. Mais il pensait bien que le Perse, vaincu sur mer, ne voudrait pas demeurer en Europe ; il fallait donc le laisser libre de fuir, de fuir jusqu'à ce qu'il fût rentré chez lui ; après quoi, ce serait pour la possession de ses domaines qu'on devrait poursuivre la lutte. Telle était aussi l'opinion des chefs des autres Péloponnésiens. Lorsque Thémistocle eut reconnu qu'il ne pourrait persuader la plupart d'entre eux de faire voile vers l'Hellespont, il changea d'attitude pour s'adresser aux Athéniens, car les Athéniens étaient indignés au plus haut point de l'invasion des Barbares, impatients de partir pour l'Hellespont, prêts même à se charger à eux seuls de l'affaire si les autres n'y voulaient pas prendre part.

Hérodote, *Histoires*, 8, 108-109

11. Sur lesquels l'armée terrestre de Xerxès était passée d'Asie en Europe.

*Nullement déstabilisé par cet échec, Thémistocle va retourner
la situation à son avantage.*

Il leur tint ce langage :

– J'ai déjà assisté moi-même à bien des événements et
j'ai entendu dire que, dans beaucoup d'autres circonstances,
pareille chose s'était produite, où des hommes acculés à
la nécessité reprenaient, vaincus, le combat et réparaient
leur précédente défaillance. Pour nous, qui, par un succès
inattendu, nous sommes sauvés, nous-mêmes et la Grèce,
en repoussant une si grande nuée d'hommes, ne poursuivons
pas des gens qui sont en fuite. Ce n'est pas nous qui avons
accompli cet exploit, ce sont les dieux et les héros dont la
jalousie n'a pas voulu qu'un seul homme régnât sur l'Asie
et l'Europe, un homme impie et criminel, qui a traité de
même sanctuaires et édifices privés, incendiant et renversant
les statues des dieux, un homme qui même a fait fustiger la
mer et y a jeté des entraves[12]. Mais, puisque à présent notre
situation est favorable, mieux vaudra que, pour le moment,
nous restions en Grèce et nous occupions de nous-mêmes
et de nos familles ; que chacun relève sa maison, travaille
avec ardeur aux semailles, après avoir chassé tout à fait le
Barbare ; et, au retour du printemps, en mer pour l'Hellespont et l'Ionie !

Il parlait ainsi dans l'intention de se créer chez le Perse
des droits à sa reconnaissance, pour avoir un asile, au cas où il
arriverait du fait des Athéniens quelque désagrément, ce qui
ne manqua pas de se produire[13]. Ces paroles de Thémistocle

---

12. Après qu'une tempête eut mis en pièces le premier pont de
bateaux, Xerxès avait châtié l'Hellespont en lui infligeant trois cents
coups de fouet et en y jetant une paire d'entraves ; il l'avait, en outre,
injurié. Série d'actes impies, pour les Grecs, envers une divinité, voir
Hérodote, *Histoires*, 7, 34-35.

13. Quand Hérodote écrit ces lignes, Thémistocle est mort depuis
longtemps. Du second message à Xerxès (à propos du pont de bateaux
sur l'Hellespont), de l'asile qu'il obtint du Roi et du discours qu'il

étaient fallacieuses ; mais les Athéniens se laissèrent persuader ; comme auparavant déjà, ayant la réputation d'être habile, il s'était montré effectivement habile et de bon conseil, ils étaient disposés à croire tout ce qu'il dirait.

Hérodote, *Histoires*, 8, 109

À nouvelle situation nouveau stratagème, inspiré de celui qui a si bien fonctionné à Salamine.

Aussitôt qu'il les eut persuadés, Thémistocle fit partir sur une barque des hommes de confiance qui ne révéleraient pas, même soumis à toutes les tortures, ce qu'il les avait chargés de dire au Roi ; du nombre était de nouveau Sikinnos, cet homme de sa maison[14]. Quand ils furent arrivés à la côte attique, les uns restèrent dans l'embarcation, Sikinnos monta auprès de Xerxès, et lui dit :

– Thémistocle fils de Néoclès, commandant des Athéniens, le plus brave et le plus sage des alliés, m'a envoyé te dire que Thémistocle d'Athènes, voulant te servir, a retenu les Grecs, qui voulaient poursuivre tes navires et rompre les ponts sur l'Hellespont. Maintenant donc, rentre chez toi en toute tranquillité.

Cette communication faite, les envoyés s'en retournèrent.

Hérodote, *Histoires*, 8, 110

Le stratagème produit l'effet escompté.

En entendant cela, le Barbare fut saisi d'effroi et précipita sa retraite.

Plutarque, *Thémistocle*, 16, 6

lui adressa pour trouver grâce à ses yeux, Hérodote déduit qu'en 480 déjà Thémistocle trahissait la Grèce.

14. Voir p. 55 et n. 5.

De cet épisode de la rupture des ponts sur l'Hellespont, Plutarque donne une version différente. Le résultat est le même.

Après la bataille navale, Xerxès ne voulant pas encore se résigner à sa défaite, tenta de construire une digue pour amener son armée de terre contre les Grecs dans Salamine, après avoir obstrué le détroit en son milieu. Alors Thémistocle, pour sonder Aristide, fit semblant d'être d'avis de diriger la flotte vers l'Hellespont pour y détruire le pont de bateaux, « afin, dit-il, de nous emparer de l'Asie et de l'Europe ». Aristide fut loin d'approuver ce projet et dit :

— Jusqu'à présent, c'est contre un Barbare qui prenait ses aises que nous avons combattu ; mais, si nous l'enfermons en Grèce, quand il dispose de si grandes forces, et le soumettons à la nécessité de combattre par crainte du pire, il ne restera plus assis sous un dais d'or pour regarder tranquillement la bataille, mais il aura toutes les audaces et veillera à tout en personne, à cause du péril ; il réparera ainsi ce qu'il a perdu par négligence et prendra de meilleures décisions sur l'ensemble de la situation. Il ne faut donc pas, Thémistocle, conclut-il, détruire le pont qui existe, mais en construire plutôt un autre, si c'est possible, et rejeter rapidement notre homme hors de l'Europe.

— Eh bien donc, répondit Thémistocle, si c'est le parti que l'on juge le plus avantageux, il est temps que nous avisions tous ensemble aux moyens de lui faire quitter la Grèce au plus vite.

Cet avis ayant été adopté, Thémistocle envoya l'un des eunuques royaux, nommé Arnakès, qu'il avait trouvé parmi les prisonniers, avec ordre d'avertir Xerxès que les Grecs, dont la flotte était maîtresse de la mer, avaient décidé de naviguer vers l'Hellespont, à l'endroit où il était barré, et de détruire le pont ; mais que Thémistocle, par intérêt pour sa personne, lui conseillait de regagner au plus tôt son pays et de passer en Asie, tandis que lui-même retiendrait les alliés et retarderait leur poursuite. En entendant cela, le Barbare fut saisi d'effroi et précipita sa retraite. La prudence de Thémistocle et d'Aristide trouva sa justification en Mardonios, s'il est vrai qu'à Platées, les Perses, qui ne combattaient qu'avec une toute petite partie de l'armée de Xerxès[15], mirent les Grecs en danger de tout perdre.

Plutarque, *Thémistocle*, 16

Pour les Grecs, une bataille est une compétition, au même titre qu'un concours sportif ou poétique : le vainqueur est proclamé et glorifié. Donc, après une bataille, on vote pour décerner des « prix de la valeur », à titre individuel et à titre collectif.

Le butin partagé, les Grecs se rendirent par mer à l'Isthme, pour attribuer des prix à celui qui en avait été le plus digne pendant cette guerre. Quand ils y furent arrivés, les stratèges se partagèrent les instruments de vote sur l'autel de Poséidon pour désigner les plus méritants de tous en première et en seconde ligne ; il arriva alors que chacun vota pour soi, car chacun jugeait avoir été lui-même le meilleur ; mais, en second lieu, la plupart s'accordèrent sur le nom de Thémistocle ; dans un cas, donc, les votants n'avaient que leur seul suffrage, tandis que pour la seconde place, Thémistocle l'emporta à une forte majorité. Bien que les Grecs, par jalousie, n'eussent pas voulu porter un jugement et que chacun fût retourné chez lui sans qu'ils se fussent prononcés, Thémistocle n'en fut pas moins célébré dans toute la Grèce et réputé de beaucoup l'homme le plus avisé d'entre les Grecs.

Hérodote, *Histoires*, 8, 123-124

15. Dans sa retraite par voie terrestre Xerxès n'avait emmené qu'une partie de l'armée et laissé le gros des troupes à Mardonios pour l'offensive du printemps suivant. Les 40 000 hoplites grecs affrontèrent à Platées, en 479, une armée légèrement supérieure en nombre, et la bataille fut très rude.

En Grèce, après la bataille de Salamine, les Athéniens apparaissaient comme les artisans de la victoire et en tiraient orgueil ; il était donc évident pour tous qu'ils disputeraient aux Lacédémoniens[16] l'hégémonie maritime ; c'est pourquoi, ceux-ci, prévoyant l'avenir, mettaient leur point d'honneur à rabaisser l'orgueil des Athéniens. Aussi, quand il fut proposé qu'on décernât le prix de vaillance, ils usèrent de leur influence pour faire décerner le prix pour les cités à celle d'Égine, tandis que le prix individuel allait à l'Athénien Ameinias, le frère du poète Eschyle : c'est lui qui, commandant une trière, avait le premier éperonné le vaisseau amiral des Perses, il l'avait coulé et avait tué l'amiral. Les Athéniens furent mortifiés de cette injuste défaite et les Lacédémoniens, craignant que Thémistocle, outré de ce qui venait de se passer, ne méditât un jour quelque terrible vengeance contre eux et contre les Grecs, l'honorèrent en lui accordant deux fois plus de gratifications qu'à ceux qui avaient obtenu le prix de vaillance.

Diodore de Sicile, *Bibliothèque historique*, 11, 27, 2-3

Hérodote précise que Thémistocle s'en va de lui-même chercher plus de gloire à Sparte.

Puisque, artisan de la victoire, il n'avait pas reçu d'honneurs de ceux qui avaient combattu à Salamine, il se rendit aussitôt après à Lacédémone pour y être honoré. Les Lacédémoniens lui firent une belle réception, et lui rendirent de grands honneurs. S'ils décernèrent à Eurybiade comme prix de la valeur une couronne d'olivier, à Thémistocle aussi ils en décernèrent une pareille comme prix du bon conseil

16. Les auteurs grecs emploient indifféremment « Sparte » ou « Lacédémone » pour désigner cette cité et, de même, « Spartiates » ou « Lacédémoniens » pour sa population, bien qu'il y ait entre ces deux derniers termes une différence théorique dont ils ne sont pas nécessairement conscients.

et de l'habileté ; ils lui firent don du plus beau char qu'il y
eût à Sparte et, après qu'on l'eut comblé d'éloges, trois cents
Spartiates d'élite, ceux qu'on appelle les Chevaliers, l'escor-
tèrent à son départ jusqu'aux frontières de la Tégéatide ; de
tous les hommes que nous connaissons, il est le seul à qui
les Spartiates aient fait escorte.

Hérodote, *Histoires*, 8, 124

*Quatre ans plus tard, aux Jeux Olympiques de 476, la gloire
de Salamine auréole toujours Thémistocle.*

On dit qu'aux Jeux Olympiques qui suivirent, lorsque
Thémistocle entra dans le stade, les spectateurs, négligeant les
concurrents, eurent toute la journée les yeux fixés sur lui ; ils
le montraient aux étrangers, l'admiraient et l'applaudissaient,
si bien que lui-même, ravi, avoua à ses amis qu'il récoltait
le fruit des peines qu'il avait prises pour la Grèce.

Plutarque, *Thémistocle*, 17, 4

Mieux encore, nous dit Pausanias.

Pour faire honneur à Thémistocle, tous les spectateurs
d'Olympie se levèrent.

Pausanias, *Description de la Grèce*, 8, 50, 3

COMMENT SE JOUER
DES SPARTIATES

479-478

Après leur défaite à Platées (début septembre 479), les Perses rentrent en Asie. La Grèce est libérée. Athènes, qui avait dû, une seconde fois, évacuer sa population, peut songer à la reconstruction.

Quant aux Athéniens formant le corps de la cité[1], sitôt les Barbares hors de leur pays, ils allaient rechercher, là où ils les avaient mis à l'abri[2], leurs enfants, leurs femmes, ainsi que leurs meubles conservés, et ils se préparaient à reconstruire ville et remparts. De l'enceinte, en effet, il y avait peu de choses debout ; et, pour les maisons, la plupart étaient effondrées : il n'en subsistait qu'un petit nombre, où avaient logé, précisément, les dignitaires de l'armée perse.

Thucydide, *La Guerre du Péloponnèse*, 1, 89, 3

La perspective de la reconstruction des murs d'Athènes déplaît fort à Sparte qui, dans un passé récent, profitant de l'absence de vraies fortifications, avait pu dicter sa loi aux Athéniens. Elle veut qu'Athènes soit toujours à sa portée.

Les Lacédémoniens, ayant enfin trouvé un prétexte spécieux, le péril des invasions barbares, soutenaient que, en dehors du Péloponnèse, aucune ville ne devait avoir de murs

---

1. Par cette expression Thucydide veut souligner qu'une cité grecque est essentiellement constituée d'un ensemble de citoyens. La ville d'Athènes a été prise par les Perses, la cité athénienne était sur les trières à Salamine.

2. À Trézène, Épidaure et Salamine.

pour ne pas risquer de devenir une forteresse entre les mains
de l'ennemi et, comme les Athéniens étaient en train d'en
bâtir, ils s'efforcèrent de les arrêter. Ils agissaient ainsi dans
une tout autre intention qu'ils ne l'avouaient. Athènes en
effet, par sa double victoire à Marathon et à Salamine, s'était
assuré tant de gloire dans toute la Grèce qu'on se rendait
bien compte à Lacédémone que, si on voulait la suprématie
universelle, c'était à elle qu'il fallait la disputer ; en conséquence, la souhaitait-on aussi affaiblie que possible.

Cornélius Népos, *Thémistocle*, 6, 2, 4

Thémistocle veut faire de sa patrie la cité la plus puissante du
monde grec. Il est inconcevable que, sans remparts, elle soit à la
merci d'une invasion lacédémonienne. Il va donc contourner par la
ruse l'opposition de Sparte.

Les Lacédémoniens, avertis de ce qui se préparait,
vinrent les trouver en ambassade : c'était en partie parce
qu'eux-mêmes auraient préféré qu'il n'y eût de fortifications ni là ni nulle part ailleurs ; mais surtout leurs alliés
les poussaient, craignant Athènes pour l'importance de ses
forces maritimes, qui étaient nouvelles, et pour l'audace
qu'elle avait montrée dans la guerre contre le Mède. Les
Lacédémoniens déclarèrent donc qu'Athènes ne devait pas
se fortifier : elle devait même plutôt les aider, en dehors du
Péloponnèse, à faire abattre toutes les enceintes existantes.
Mais, en s'adressant aux Athéniens, ils ne révélèrent pas
leurs intentions et leurs soupçons ; ils prétendirent que, de la
sorte, le Barbare, s'il revenait les attaquer, ne pourrait avoir
aucune base sûre, comme avait été Thèbes cette fois-ci ; le
Péloponnèse, déclarèrent-ils, pouvait suffire à tous comme
repli et comme base.

Les Athéniens agirent alors selon l'avis de Thémistocle :
au discours des Lacédémoniens, ils répondirent qu'ils
enverraient des ambassadeurs pour discuter de la question ;

grâce à quoi ils se défirent d'eux aussitôt. Or, Thémistocle leur conseillait de l'envoyer lui-même à Sparte au plus vite, de désigner, en plus de lui, d'autres ambassadeurs, mais, ceux-là, de ne pas les envoyer tout de suite : il fallait, au contraire, attendre tout le temps nécessaire pour que le rempart fût assez élevé et permît de combattre avec le minimum de hauteur indispensable ; et tous ceux qui étaient en ville devaient y travailler, en masse, y compris les femmes et les enfants, en n'épargnant aucune construction ni privée ni publique qui pût servir à leur travail, et en sacrifiant tout. Lui-même donc, quand il eut donné ces instructions et indiqué que, pour le reste, il arrangerait personnellement les choses là-bas, il partit. Puis, une fois arrivé à Sparte, il n'alla point trouver les autorités : il différait, trouvait des prétextes ; et, chaque fois que quelque personnage officiel lui demandait pourquoi il ne se présentait pas devant les organismes d'État, il déclarait attendre ses collègues ; certaines affaires les avaient retenus après lui, mais il s'attendait à les voir arriver très vite et s'étonnait qu'ils ne fussent pas encore là. Sans doute, en l'entendant, les gens croyaient Thémistocle, qui avait leur sympathie ; mais, en face des autres, qui arrivaient et dénonçaient formellement l'existence de fortifications en cours, prenant déjà de la hauteur, ils ne pouvaient guère avoir de doutes. C'est ce qu'il comprit ; et il les engagea alors à ne pas se laisser entraîner par des on-dit : ils feraient mieux d'envoyer des gens pris parmi eux, qui seraient hommes d'honneur, et pourraient, après enquête, leur faire un rapport digne de foi. On envoie donc une délégation ; et, à ce sujet, Thémistocle mande en secret aux Athéniens de la retenir le plus discrètement possible, sans la laisser repartir avant qu'eux-mêmes ne soient de retour ; à ce moment, en effet, ses collègues – Habronichos, fils de Lysiclès, et Aristide, fils de Lysimaque – étaient en fait arrivés, avec la nouvelle que le rempart était suffisant ;

et il craignait que Sparte, une fois bien fixée, ne voulût
plus les laisser repartir. Les Athéniens retinrent donc la
délégation comme ils en avaient mission ; et Thémistocle,
lui, se présentant devant les Lacédémoniens, leur déclara,
cette fois, sans ambages, que les siens avaient maintenant
une ville munie de remparts, qui la mettaient en état de
préserver sa population. Si les Lacédémoniens ou leurs
alliés voulaient leur envoyer une ambassade, ils devaient,
à l'avenir, s'adresser à eux comme à des gens capables de
discerner et leur intérêt et celui de tous. Cette ville, en
effet, lorsqu'ils avaient cru préférable de l'abandonner pour
monter à bord de la flotte, ils avaient su, sans l'aide de
Sparte, le décider et l'oser ; et quand, d'autre part, il s'était
agi de délibérer de concert avec cette dernière, il n'était pas
non plus apparu que personne sût mieux qu'eux prendre
un parti ; eh bien ! maintenant, de même, ils croyaient
préférable que leur ville eût des remparts : ce serait un
avantage et pour les citoyens en particulier, et du point de
vue des alliés en général. Car il n'était pas possible, sans des
moyens de combat équivalents, de participer aux délibérations communes dans des conditions semblables et justes.
Il fallait donc, concluait-il, ou bien former une alliance où
tous fussent sans remparts, ou bien tenir pour bonne leur
nouvelle situation à eux aussi. Les Lacédémoniens, à ces
mots, ne manifestèrent pas de colère envers les Athéniens :
leur ambassade s'était proposé de présenter non pas une
opposition, mais une suggestion d'intérêt général, pas
plus ; en même temps, ils se trouvaient alors envers eux, à
cause de leur ardeur contre le Mède, dans des dispositions
particulièrement bienveillantes. Toutefois, ils éprouvaient, à
voir leur désir trompé, une amertume, qu'ils dissimulaient.
Les ambassadeurs des deux pays rentrèrent donc chez eux
sans qu'il y eût des revendications.

Thucydide, *La Guerre du Péloponnèse*, 1, 90-92

Le récit de Diodore, fondamentalement en harmonie avec celui de Thucydide, donne des précisions complémentaires.

Mais les Lacédémoniens, voyant que les Athéniens s'étaient acquis une grande gloire grâce à leurs forces navales, virent avec suspicion cet accroissement de leur puissance et décidèrent de faire obstacle à la reconstruction de leurs murs. Ils envoyèrent donc aussitôt des ambassadeurs à Athènes sous prétexte de leur conseiller de ne pas fortifier leur ville dans les circonstances présentes, car c'eût été contraire à l'intérêt général des Grecs : si Xerxès revenait avec de plus grandes forces, il aurait ainsi à sa disposition des villes fortifiées hors du Péloponnèse, à partir desquelles il soumettrait facilement les Grecs. Comme ils ne parvenaient pas à les persuader, les ambassadeurs se rendirent sur les chantiers et enjoignirent aux ouvriers de quitter au plus vite leur travail. Comme les Athéniens se trouvaient embarrassés sur la conduite à tenir, Thémistocle, dont la faveur auprès de ses concitoyens était alors très grande, leur conseilla de se tenir tranquilles : s'ils continuaient à toute force, leur disait-il, il serait aisé aux Lacédémoniens, aidés des Péloponnésiens, de leur interdire par les armes de fortifier leur ville. Il déclara ensuite en secret au Conseil[3] qu'il se rendrait lui-même à Lacédémone, accompagné de quelques autres ambassadeurs, pour expliquer aux Lacédémoniens la question des fortifications ; puis il recommanda aux autorités de retenir les ambassadeurs que Lacédémone enverrait à Athènes, jusqu'à ce que lui-même revînt de Lacédémone ; que, pendant tout ce temps-là, tout le peuple travaillât aux fortifications, et ils pourraient de la sorte, expliquait-il, exécuter leur projet.

3. Séance secrète de la Boulè (le Conseil). À l'époque de Démosthène, le Bouleutérion (où se réunissait la Boulè) était ceint d'une barrière ; quand on y débattait de secrets d'État, tous ceux qui n'étaient pas membres du Conseil étaient contenus à l'extérieur de cette barrière. Peut-être y avait-il un dispositif analogue à l'époque de Thémistocle.

Les Athéniens suivirent ses instructions et, tandis que Thémistocle et ses collègues se rendaient en ambassade à Sparte, ils s'employaient avec beaucoup de zèle à élever leurs murs ; ni les maisons ni les tombeaux ne furent épargnés. Prenaient part aux travaux enfants, femmes et, d'une façon générale, tout étranger et tout esclave, tous avec une égale ardeur. Les travaux furent achevés plus vite qu'on ne s'y attendait, à la fois grâce à l'abondante main-d'œuvre et à l'ardeur de tous. Thémistocle, convoqué par les autorités de Sparte et blâmé pour la reconstruction des murs, nia qu'on les eût relevés, conseilla aux autorités de ne pas ajouter foi à des rumeurs sans fondements et d'envoyer à Athènes des ambassadeurs dignes de créance : c'est par eux seuls, disait-il, qu'ils pourraient savoir la vérité ; de plus, pour garantir leur sécurité, il se livrait, lui, et ses collègues d'ambassade. Les Lacédémoniens se laissèrent persuader, mirent sous surveillance Thémistocle et ses collègues et envoyèrent à Athènes les personnages les plus importants observer avec soin ce qui méritait de leur part une enquête approfondie. Dans l'intervalle, les Athéniens avaient déjà eu le temps d'élever leurs murs à une hauteur suffisante ; puis, quand les ambassadeurs lacédémoniens arrivèrent à Athènes et qu'avec des airs arrogants et des mots menaçants ils les tancèrent, ils les mirent sous bonne garde, en déclarant qu'ils ne les laisseraient repartir que lorsque à Sparte on relâcherait Thémistocle et ses collègues.

Tel fut le stratagème qui obligea les Laconiens[4] à relâcher les ambassadeurs athéniens en échange des leurs. Thémistocle, qui avait donné, par cette ruse, des remparts à sa patrie en peu de temps et sans risques, jouit auprès de ses concitoyens d'un grand prestige.

Diodore de Sicile, *Bibliothèque historique*, 11, 39, 2-40, 4

---

4. Il s'agit des Lacédémoniens ou Spartiates, voir p. 66, n. 16.

*Dans cette affaire, où les intérêts supérieurs de la cité étaient
en jeu, Thémistocle put compter à nouveau sur la collaboration
d'Aristide.*

C'est en commun, bien que rivaux, qu'ils dirigèrent la
reconstruction des remparts.

Aristote, *Constitution d'Athènes*, 23, 4

*Comme le faisait Thucydide 2 400 ans plus tôt, le touriste
d'aujourd'hui peut constater, en regardant le mur sud de l'Acropole,
que cette construction fut hâtive : il voit, par exemple, au milieu
des blocs de pierre, des tambours de colonnes.*

C'est ainsi que les Athéniens fortifièrent leur ville en
peu de temps. Et la nature de la construction laisse encore
juger à l'heure actuelle de la hâte qu'on y mit. En effet, les
assises inférieures sont formées de pierres disparates, et par
endroits non adaptées entre elles, mais placées comme on
les y apportait. Des stèles funéraires prises à des tombeaux
et des pierres déjà travaillées y avaient trouvé place en grand
nombre. Le tracé de l'enceinte débordait, en effet, la ville
de partout ; d'où la hâte avec laquelle ils prenaient tout
sans distinction.

Thucydide, *La Guerre du Péloponnèse*, 1, 93, 1

Cette affaire avait tellement frappé les Athéniens qu'au IVe *siècle
on voit des orateurs et Platon lui-même l'évoquer.*

Par quels moyens, Thémistocle, le plus illustre des
Athéniens de son temps, avait-il exécuté la même œuvre ?
Il pressa, dit-on, ses concitoyens de se mettre au travail
des murs, leur recommandant, s'il se présentait quelque
émissaire de Lacédémone, de le retenir. Quant à lui, il partit
en ambassade auprès des Lacédémoniens. Là, au cours des
pourparlers, des rapports étant parvenus sur cette réfection
des murs d'Athènes, il les démentit et proposa l'envoi d'une

ambassade aux fins d'enquête. Puis, comme celle-ci ne revenait pas, il conseilla d'en envoyer une seconde. Tous, vous
avez, j'imagine, entendu raconter cette mystification.

Démosthène, *Contre Leptine*, 73

Il fut un temps, Athéniens, où nous ne possédions
ni murs ni vaisseaux : quand nous en eûmes, notre prospérité commença (…). Sur ce fondement nos pères ont
édifié une telle puissance que jamais autre cité n'en eut
jusqu'ici de pareille : ils agirent pour cela vis-à-vis des
Grecs, ici par la persuasion, là par la ruse, là par l'argent,
là par la contrainte (…). Par la ruse, quand nous bâtî-
mes nos murs à l'insu des Péloponnésiens ; par l'argent,
pour n'avoir pas à donner satisfaction de cette ruse aux
Lacédémoniens.

Andocide, *Sur la paix*, 37-38

Thémistocle a élevé les murailles en dépit des
Lacédémoniens.

Lysias, *Contre Ératosthène*, 63

Dialogue entre Gorgias et Socrate.

Gorgias.– Tu n'ignores certainement pas que ces arsenaux,
ces murs d'Athènes et toute l'organisation de vos ports doivent leur origine pour une part aux conseils de Thémistocle
et pour le reste à ceux de Périclès (…).

Socrate.– C'est là, en effet, ce qu'on rapporte au sujet
de Thémistocle.

Platon, *Gorgias*, 455 e

Aristodème[5] nous apprend que l'enceinte de la ville était de 60 stades[6]. L'archéologie a confirmé les précisions relatives à la hâte avec laquelle on disposa les matériaux qui étaient à portée de la main, maisons détruites, stèles funéraires, etc.

5. Historien du IIIe siècle av. J.-C. : de son œuvre il ne nous reste que des fragments.
6. Environ 11 km.

LE CRÉATEUR DU PIRÉE

Trois ans après Salamine, Thémistocle est au sommet de sa gloire. Ambitieux depuis longtemps pour sa patrie, il veut la doter de véritables installations portuaires. Jusqu'à cette époque, le Phalère était le port d'Athènes. Alors que la baie du Phalère s'ouvrait sans protection sur le large, Le Pirée, constitué de trois ports bien abrités, pouvait, en outre, être facilement défendu par la construction de murs. C'est cette situation privilégiée que comprit Thémistocle. Encore fallait-il en convaincre les Athéniens.

Cette année-là, Thémistocle connut, grâce à ses qualités de général et à la vivacité de son intelligence, la faveur de ses concitoyens, mais aussi celle de tous les Grecs. Aussi parvenu au sommet de la gloire, mit-il en œuvre des projets beaucoup plus grands en vue d'accroître l'hégémonie de sa patrie.

À cette époque, en effet, ce qu'on appelle le Pirée n'était pas un port et les Athéniens utilisaient comme mouillage celui du Phalère (c'était son nom), qui était vraiment très petit ; Thémistocle eut donc l'idée d'aménager un port au Pirée, qui pouvait, au prix de modestes aménagements, devenir le plus beau et le plus grand port de la Grèce. Il escomptait qu'une fois les Athéniens en possession de ces installations, leur cité pourrait prétendre à l'hégémonie maritime ; ils possédaient déjà de très nombreuses trières, et cette suite de combats navals leur avait procuré en même temps qu'une grande gloire l'expérience des luttes sur mer. Outre cela, il calculait que les Athéniens se rendraient favorables les Ioniens, à cause de la parenté de race, et qu'ils libéreraient ensuite, grâce à eux, les autres Grecs qui habitaient en Asie, que ces derniers, par suite de ce bienfait, tourneraient leur dévouement vers Athènes et que tous les insulaires, fortement impressionnés par l'importance de la force navale athénienne, se rangeraient rapidement aux côtés d'un peuple capable de leur causer les plus grands dommages comme de leur rendre les plus grands services.

Après avoir mûrement pesé toutes ces considérations, il jugea prudent de ne pas parler ouvertement de son projet, car il savait parfaitement que les Lacédémoniens étaient capables d'y faire échec. Il déclara donc, devant l'Assemblée, à ses concitoyens, qu'il désirait leur conseiller et leur faire agréer des réalisations importantes et utiles à la cité, mais que l'intérêt de l'État lui interdisait d'en parler ouvertement à tous, que seul un petit nombre d'hommes devait le mener à terme; il demandait donc au peuple de désigner deux hommes en qui il avait une très grande confiance et de leur abandonner l'examen de l'affaire. Le peuple appuya cette suggestion et l'Assemblée désigna deux hommes, Aristide et Xanthippe, qui durent cette préférence, non seulement à leur valeur, mais aussi au fait que le peuple voyait en eux des rivaux de Thémistocle dans la recherche du prestige et du premier rang et qui, pour ces raisons, lui étaient hostiles. Ils écoutèrent Thémistocle leur exposer en privé son projet et déclarèrent ensuite au peuple que ce que leur avait dit Thémistocle était manifestement important, utile à la cité et réalisable. Le peuple admira l'homme, mais le soupçonna en même temps de vouloir s'ouvrir, à l'aide de ces grands projets, le chemin vers une forme de tyrannie; ils le pressaient donc de dévoiler ses desseins. Mais lui répondit à nouveau qu'il n'était pas de l'intérêt du peuple qu'il lui découvrît clairement ses intentions. Ces paroles accrurent beaucoup l'admiration du peuple pour l'habileté et la magnifique assurance de l'homme; ils lui ordonnaient cependant de dire au Conseil ses desseins en séance secrète[1] : si le Conseil

----

1. Sur les séances secrètes du Conseil, voir p. 73.

jugeait ses propositions réalisables et utiles, alors on mènerait à terme le projet de Thémistocle suivant ses instructions. C'est pourquoi, quand le Conseil eut été informé dans le détail, qu'il eut jugé que les propositions de Thémistocle étaient utiles à la cité et réalisables, et qu'ensuite le peuple eut adopté l'avis du Conseil, Thémistocle reçut l'autorisation de réaliser ce qu'il voulait. Chacun se retirait de l'Assemblée, pour ce qui est de l'homme, rempli d'admiration pour ses qualités exceptionnelles, pour ce qui est du projet, dans un état d'exaltation et désireux de le voir mené à terme.

Diodore de Sicile, *Bibliothèque historique*, 11, 41-42

Cependant Sparte est toujours prête à dresser un obstacle. Pour le contourner, il faut à nouveau ruser.

Quant à Thémistocle, fort de cette autorisation d'agir et disposant de tous les moyens pour exécuter ce qu'il voulait entreprendre, il conçut l'idée d'un nouveau stratagème pour tromper les Lacédémoniens ; il savait en effet pertinemment que, tout comme ils avaient fait obstacle à la reconstruction des murs, de la même façon, à propos de l'aménagement du port, ils s'emploieraient à contrecarrer le projet des Athéniens. Il décida donc d'envoyer à Lacédémone une ambassade chargée de démontrer l'intérêt que représentait pour le salut commun de la Grèce une importante base navale lors d'une prochaine attaque perse. Ayant de la sorte aveuglé les Spartiates sur leur opposition à son projet, il s'attachait personnellement à pousser les travaux et, grâce au concours enthousiaste de tous, l'aménagement du port fut achevé avec une étonnante rapidité.

Diodore de Sicile, *Bibliothèque historique*, 11, 43, 1-2

Thucydide donne des précisions techniques sur l'aménagement et les fortifications du Pirée. Il souligne le changement complet de

politique extérieure mis en œuvre par les initiatives de Thémistocle :
désormais Athènes sera tournée vers la mer.

Thémistocle les décida aussi à achever les constructions du
Pirée (on les avait commencées auparavant, lors de la magistrature qu'il avait exercée pour un an à Athènes)[2] ; il trouvait
l'endroit heureusement conformé, avec ses trois ports naturels,
et pensait qu'eux-mêmes, devenus marins, se trouvaient en
bonne passe pour acquérir de la puissance. Il fut ensuite le
premier à oser dire qu'il fallait s'attacher à la mer, et tout de
suite il travailla à préparer l'empire. On donna au mur, selon
ses avis, une largeur qui se voit aujourd'hui encore du côté du
Pirée : deux chariots se croisaient pour apporter les pierres,
et il n'y avait à l'intérieur ni gravier ni terre, mais de grandes
pierres assujetties et taillées régulièrement, reliées entre elles,
à l'extérieur, par du fer avec du plomb fondu. La hauteur, elle,
fut, pour finir, à peu près moitié moindre qu'il ne projetait. Il
voulait, en effet, par l'importance et l'épaisseur du mur, tenir
en respect les menaces ennemies, et il pensait que quelques
hommes – les plus inaptes – suffiraient pour monter la garde,
tandis que le reste embarquerait sur la flotte[3]. Car la flotte était
l'objet de ses plus grands soins : il voyait, je pense, que, pour
les forces du Roi, une arrivée par mer était plus propice que
par terre. Il pensait donc que le Pirée présentait plus d'utilité
que la ville haute, et il répétait souvent aux Athéniens, si
jamais ils cédaient à un assaillant sur terre, de gagner le port
et, avec leur flotte, de faire face contre tous. C'est ainsi que
les Athéniens s'étaient fortifiés et travaillaient, en général, à
s'équiper, dès la retraite des Mèdes.

Thucydide, *La Guerre du Péloponnèse*, 1, 93, 3-8

2. Il est difficile de dire à quelle fonction et à quelle année
Thucydide fait allusion ici.
3. Précision complémentaire chez Aristodème : la longueur de
l'enceinte du Pirée était de 80 stades (15 km environ).

Précisions données par Pausanias.

Le Pirée était un dème[4] depuis l'Antiquité, mais avant que Thémistocle fût archonte à Athènes[5], il n'y avait pas de port. Le port était au Phalère – car c'est en cet endroit que la mer est le moins éloignée de la ville – (...). Mais quand Thémistocle fut archonte – il lui apparaissait que Le Pirée présentait des conditions plus favorables à la navigation avec ses trois bassins au lieu d'un seul au Phalère – , ce fut alors qu'il y aménagea ce lieu pour en faire un port aux navigateurs ; de mon temps il y avait encore des cales sèches[6].

Pausanias, *Description de la Grèce*, 1, 2

On ne s'étonnera pas de trouver dans la littérature grecque maintes allusions à cette politique navale de Thémistocle. Cent cinquante ans plus tard, Aristophane présente la chose avec amusement.

O citoyens d'Argos, entendez ce qu'il dit. Toi, te mesurer à Thémistocle qui rendit notre ville pleine, alors qu'il l'avait trouvée dans le besoin, et en outre, lui prépara pour son déjeuner un supplément à sa galette[7], le Pirée, et, sans rien retrancher de ses poissons d'autrefois, lui en servit de nouveaux !

Aristophane, *Les Cavaliers*, 813-816

4. Voir p. 9, n. 1.

5. Thémistocle fut archonte en 493/2. Les modernes situent plutôt l'aménagement du Pirée après Salamine. Cependant la question reste discutée.

6. Dans ces « cales sèches » (« loges de navire » en grec) sous hangar, on tirait au sec les trières. Il y en avait plus de 2 000 au Ve siècle, réparties entre les trois bassins du Pirée, Zéa, Mounychie et le Grand Port ou Cantharos ; on en a retrouvé des vestiges. Nous mesurons l'ampleur de la politique navale lancée par Thémistocle.

7. Ou maza, pâte pétrie, nourriture essentielle de la vie quotidienne : une sorte de crêpe faite de farine d'orge, d'huile et de vin.

Platon, lui, prend l'affaire très au sérieux. Hostile à la démocra-
tie athénienne, il ne voit dans l'œuvre de Thémistocle, continuée par
Périclès, que démagogie malsaine. Socrate interpelle un sophiste.

Eh bien, Calliclès, ta conduite en ce moment est toute
pareille : tu vantes des hommes qui ont régalé les Athéniens
en leur servant tout ce qu'ils désiraient ; on dit qu'ils ont
grandi Athènes, mais on ne sait pas que cette grandeur n'est
qu'une enflure malsaine. Nos grands hommes d'autrefois,
sans se préoccuper de la sagesse ni de la justice, ont gorgé
la ville de ports, d'arsenaux, de murs, de tributs et autres
niaiseries : quand surviendra l'accès de faiblesse, on accu-
sera ceux qui seront là et donneront des conseils, mais on
célébrera les Thémistocle, les Cimon, les Périclès, de qui
vient tout le mal.

Platon, *Gorgias*, 518 e - 519 a

Quand il évoque cette politique, Plutarque ne peut s'empêcher
de faire écho à Platon, sans toutefois se prononcer lui-même.

Dès lors, il amena insensiblement la cité à se tourner et à
descendre vers la mer, en lui montrant qu'avec son infanterie
elle n'était pas même de taille à tenir tête à ses voisins, tandis qu'avec la force de sa marine elle pourrait repousser les
Barbares et dominer la Grèce. Des solides fantassins qu'ils
étaient, il fit, dit Platon, des matelots et des gens de mer, et
il s'attira ce reproche : « Thémistocle, disait-on, a retiré aux
citoyens la lance et le bouclier, et réduit le peuple athénien
au banc et à la rame. » Et il obtint ce résultat en dépit de
l'opposition de Miltiade, à ce que rapporte Stésimbrote. Si,
en agissant ainsi, Thémistocle corrompit ou non l'intégrité
et la pureté de la vie publique, c'est plutôt aux philosophes
à examiner la question ; mais que le salut des Grecs à cette
époque leur soit venu de la mer et que le rétablissement de
la ville d'Athènes soit dû à ces trières, nous en avons entre
autres témoignages, celui de Xerxès lui-même. Car, bien

que son armée de terre fût restée intacte, il s'enfuit après la défaite de ses vaisseaux, se jugeant hors d'état de tenir tête à l'ennemi, et il laissa Mardonios derrière lui plutôt, je crois, pour empêcher les Grecs de le poursuivre que pour les asservir.

Plutarque, *Thémistocle*, 4, 4-6

L'aménagement du Pirée n'était, dans l'esprit de Thémistocle, qu'un élément d'une politique navale d'ensemble. L'effort d'armement devait être amplifié et l'activité industrielle favorisée.

Il réussit à persuader le peuple d'accroître chaque année de vingt trières la flotte déjà existante, d'exempter d'impôts les métèques[8] et les artisans, afin de favoriser l'arrivée massive d'immigrants venus de partout et l'installation d'un plus grand nombre d'artisans ; il estimait, en effet, ces deux mesures très utiles à la construction des forces navales.

Diodore de Sicile, *Bibliothèque historique*, 11, 43, 3

Le grand dessein de politique navale a dû amener Thémistocle à envisager des relations privilégiées avec les colonies grecques d'Italie du Sud. Nous en avons plusieurs indices : il appela une de ses filles Italia, l'autre Sybaris[9] ; il s'était intéressé depuis longtemps à l'Occident grec, Corcyre[10] en l'occurrence.

Prévenu à temps, Thémistocle passa à Corcyre, où il avait le titre de bienfaiteur de l'État. En effet, ayant joué le rôle d'arbitre dans un différend qu'ils avaient eu avec les

---

8. Les métèques étaient des non-Athéniens qui résidaient à Athènes ; ils étaient libres, mais n'avaient pas de droits civiques. Grâce à la politique de Thémistocle, ils contribuèrent puissamment à la prospérité d'Athènes au ve siècle.

9. Voir p. 136.

10. Voir p. 109.

Corinthiens[11], il avait tranché la querelle en décidant que les Corinthiens leur paieraient vingt talents et que les uns et les autres administreraient en commun Leucade, colonie des deux peuples.

Plutarque, *Thémistocle*, 24, 1

À Salamine, il menace de transporter toute la population athé-nienne à Siris, en Italie, si les Péloponnésiens refusent de se battre sur place et se replient dans le Péloponnèse. Hérodote souligne que ce fut cet argument qui emporta la décision d'Eurybiade de rester à Salamine[12]. Le Spartiate jugeait donc la menace de l'Athénien tout à fait réalisable.

L'Occident grec était donc un des aspects de l'ambitieuse politique navale de Thémistocle.

---

11. Les relations entre la cité fondatrice (métropole) et sa colo-nie n'étaient pas toujours harmonieuses; c'est ainsi qu'en 433, une nouvelle brouille entre Corinthe et Corcyre aboutira à une bataille navale et provoquera l'intervention athénienne.

12. Voir p. 53.

DU BON USAGE DE L'ARGENT
EN POLITIQUE

L'énorme différence entre la fortune initiale de Thémistocle et celle qu'il avait quand il s'enfuit en Asie avait frappé les Anciens.

Critias dit que Thémistocle, fils de Néoclès, avant de commencer à gouverner, possédait un patrimoine de trois talents ; mais après qu'il eut dirigé les affaires publiques, qu'il eut été exilé et que ses biens eurent été confisqués, il s'avéra qu'il avait une fortune de plus de cent talents.

Élien, *Histoire variée*, 10, 17

À l'arrivée, elle était sans doute très supérieure à 100 talents.

Quant à sa fortune, ses amis, en ayant dissimulé une bonne partie, la lui envoyèrent en Asie ; le reste, qui fut découvert et versé au trésor public, se montait à cent talents, au dire de Théopompe, à quatre-vingts, suivant Théophraste. Or Thémistocle ne possédait même pas la valeur de trois talents avant d'aborder la politique.

Plutarque, *Thémistocle*, 25, 3

Il est vraisemblable que les pamphlets aristocratiques ont gonflé le nombre final. Les grands aristocrates comme Cimon pouvaient soigner leur popularité grâce à leur fortune ancestrale. Thémistocle, lui, devait trouver l'argent ailleurs.

Quelques auteurs affirment qu'il était extrêmement âpre au gain à cause de sa libéralité. En effet, comme il aimait offrir des sacrifices et traitait magnifiquement ses hôtes, il avait besoin, dit-on, de ressources abondantes pour assurer ses dépenses. D'autres, au contraire, l'accusent d'avoir été très avare et mesquin, au point de vendre les victuailles qu'on lui envoyait en présent. Diphilidès, l'éleveur de chevaux, lui ayant refusé un poulain qu'il lui demandait, il le menaça de faire bientôt de sa maison un cheval de bois, lui laissant entendre ainsi qu'il lui susciterait des plaintes de la part de ses parents et des procès avec certains membres de sa famille.

Plutarque, *Thémistocle*, 5, 1-2

Se lancer en politique à Athènes sans argent est un double handicap : il en faut, mais, si vous n'êtes pas d'une grande famille, on ne vous pardonne pas d'en avoir.

C'est ainsi encore qu'étant allé à Olympie[1], il voulut rivaliser avec Cimon pour les festins, les tentes et, en général, pour la magnificence et l'apparat, ce qui déplut aux Grecs. Chez Cimon, qui était jeune et de grande maison, ils se croyaient obligés d'admettre ce luxe ; mais Thémistocle n'était pas encore connu et l'on trouvait qu'il avait tort de se faire ainsi valoir, sans en posséder les moyens : aussi n'y gagna-t-il que se faire traiter d'orgueilleux.

Plutarque, *Thémistocle*, 5, 4

Qu'importe à la fin ! Il faut se faire voir, se faire bien voir. Rien de tel pour cela que de prendre à sa charge l'entretien d'un chœur lors des concours tragiques des Grandes Dionysies, ce que les Athéniens appelaient la « chorégie ».

1. Lors des Jeux Olympiques, qui étaient l'occasion pour les riches aristocrates et les tyrans (comme Hiéron, tyran de Syracuse, à cette époque) de se faire de la publicité.

De même encore, étant chorège, il remporta le prix pour la tragédie[2], en un temps où cette sorte de concours était déjà l'objet d'un grand empressement et d'une grande émulation. Il consacra, pour commémorer sa victoire, une plaque portant cette inscription : « Thémistocle de Phréarrhes était chorège ; Phrynichos, poète ; Adeimantos, archonte. »[3]

Plutarque, *Thémistocle*, 5, 5

Juste et intègre comme Aristide, ce n'était pas l'idéal de Thémistocle.

Élu intendant des revenus publics, Aristide prouva que non seulement ses collègues actuels, mais encore les magistrats qui l'avaient précédé avaient commis de nombreux détournements, en particulier Thémistocle, « homme habile, mais non pas maître de sa main . »

C'est pourquoi Thémistocle, ayant ameuté beaucoup de gens contre lui, le poursuivit lors de sa reddition de comptes et le fit frapper, au dire d'Idoménée, d'une condamnation pour vol. Mais les premiers et les meilleurs citoyens en furent indignés, et non seulement on l'exempta de l'amende, mais encore on le réélut à la même charge.

Plutarque, *Aristide*, 4, 3-4

2. Aux Grandes Dionysies, au Ve siècle, il y a un palmarès pour les poètes et un autre pour les chorèges.

3. Cette dernière indication permet de dater avec précision l'événement : 477/6. Plus riches ou plus généreux, d'autres chorèges érigeaient un monument, par exemple Lysicrate, au IVe siècle, dont le monument est encore visible dans l'actuelle rue des Trépieds qui était bordée de monuments chorégiques.

Toute expédition militaire et, d'abord, la tournée triomphale du vainqueur de Salamine chez les alliés, peut fournir de l'argent.

Les Grecs, après qu'ils eurent renoncé à pousser plus avant la poursuite de la flotte barbare et à faire voile vers l'Hellespont pour y couper le passage, mirent le siège devant Andros, qu'ils voulaient détruire. Les Andriens étaient les premiers des insulaires à qui Thémistocle avait réclamé de l'argent ; ils n'en avaient pas donné ; et, quand Thémistocle leur présentait cet apologue : que les Athéniens venaient à eux accompagnés de deux grandes divinités, la Persuasion et la Contrainte, et que, dans ces conditions, c'était pour eux une nécessité absolue de donner de l'argent, ils avaient répondu qu'il était bien naturel qu'Athènes eût été grande et prospère si elle bénéficiait même d'un secours divin efficace, alors que les Andriens, eux, étaient au plus haut point pauvres de terres, et que deux divinités qui ne peuvent rendre aucun service ne sortaient pas de leur île mais s'y tenaient toujours sans bouger, la Pauvreté et l'Incapacité ; ayant chez eux ces divinités, les Andriens ne donneraient pas d'argent ; car jamais la puissance des Athéniens ne triompherait de leur propre impuissance. Telle avait été leur réponse ; et, comme ils n'avaient pas donné d'argent, ils étaient assiégés. Thémistocle, dont la cupidité n'avait pas de cesse, envoya chez les autres insulaires, par les mêmes messagers qu'il avait employés pour s'adresser aux Andriens, des messages comminatoires pour réclamer de l'argent, déclarant que, s'ils ne donnaient pas ce qu'on leur demandait, il mènerait contre eux l'armée des Grecs, les assiégerait et détruirait leurs villes. Par ces menaces, il ramassa des sommes importantes aux dépens des Carystiens et des Pariens[4], qui, apprenant qu'Andros était assiégée pour avoir été du parti des Mèdes, et que Thémistocle était le plus réputé des stratèges, prirent peur et envoyèrent de l'argent. S'il

4. Habitants respectivement des îles de Carystos et de Paros.

y eut d'autres insulaires qui en donnèrent aussi, je ne puis le dire ; mais je pense qu'il y en eut quelques autres et que ceux que j'ai dits ne furent pas les seuls. Une chose certaine en ce qui concerne les Carystiens, c'est que, même à ce prix, leur malheur ne fut pas différé. Quant aux Pariens, leurs versements apaisèrent Thémistocle et leur évitèrent d'être attaqués. Thémistocle, opérant d'Andros, s'enrichit donc aux dépens des habitants des îles en cachette des autres stratèges.

Hérodote, *Histoires*, 8, 111-112.

Plutarque s'indigne de ce qu'il considère comme une calomnie.

Après s'être librement rassasié d'insultes contre Thémistocle en l'accusant de s'être continuellement livré, en parcourant les îles, à des vols et à des exactions à l'insu des autres généraux, Hérodote finit par arracher aux Athéniens eux-mêmes les lauriers de la victoire pour les remettre aux Éginètes.

Plutarque, *De la malignité d'Hérodote*, 871 C

Après la victoire sur les Perses, ceux qui avaient pactisé avec l'envahisseur furent souvent exilés. Puis, on en rappela certains. Exils et rappels purent donner lieu à des trafics d'argent auxquels Thémistocle ne fut peut-être pas étranger.

Le poète lyrique Timocréon de Rhodes attaqua assez amèrement Thémistocle dans une chanson, sous prétexte qu'ayant, pour de l'argent, fait rentrer divers exilés, il l'avait laissé de côté, également par intérêt, lui son hôte et son ami. Voici ses vers :

« Tu peux louer Pausanias, Léotychidas
Ou Xanthippe[5] ; pour moi, je préfère Aristide,

---

5. Pausanias, le vainqueur de Platées ; le Spartiate Léotychidas et Xanthippe, père de Périclès, remportèrent sur les Perses, peu après Platées, une brillante victoire navale à Mycale, en Ionie.

Le meilleur de beaucoup qui d'Athènes la sainte
Nous soit venu, puisque Létô[6] hait Thémistocle,
Traître, injuste et menteur, qui, gagné par l'argent
De voyous, empêcha Timocréon, son hôte
De rentrer dans sa patrie, Ialysos.
Avec ses trois talents, il s'embarqua pour notre perte,
Injustement ramenant l'un, chassant, tuant les autres.
Gavé d'argent, à l'Isthme, hôte ridicule, il servait des
viandes froides :
On les mangeait en souhaitant malheur à Thémistocle ! »
(…)

On dit que Timocréon fut exilé comme partisan des
Mèdes et que Thémistocle fut un de ceux qui votèrent
contre lui. Aussi, lorsque Thémistocle à son tour fut accusé
de médisme, Timocréon écrivit contre lui ces vers :

« Timocréon n'est donc pas seul
À pactiser avec les Mèdes ;
Non, il y a d'autres méchants :
Je ne suis pas le seul renard
À courte queue : il en est d'autres. »

Plutarque, *Thémistocle*, 21, 3-4 et 7

*La résistance au Mède requérait un homme de la trempe de
Thémistocle. Il fallait donc écarter les incapables.*

Lorsque le Mède se mit à descendre vers la Grèce et
que les Athéniens délibérèrent sur le choix d'un général,
la plupart des hommes politiques s'abstinrent, dit-on, de
briguer ce poste, tant le danger les effrayait. Seul Épikydès,
fils d'Euphémidès, homme politique et orateur puissant,
mais pusillanime et facile à corrompre, ambitionnait le
commandement et l'on s'attendait à ce qu'il obtînt la majorité des suffrages. Alors, à ce que l'on raconte, Thémistocle,

---

6. La déesse Létô est la mère d'Apollon et d'Artémis.

craignant qu'un tel homme ne gâtât entièrement les affaires si le choix tombait sur lui, acheta à prix d'argent le désistement de l'ambitieux Épikydès.

Plutarque, *Thémistocle*, 6, 1-2

En 480, quand l'immense flotte perse s'installe aux Aphètes, en face du cap Artémision où la flotte grecque est venue lui barrer la route, les Péloponnésiens sont effrayés. Il faut à tout prix les retenir.

Pour l'heure, ceux des Grecs dont j'ai parlé et qui étaient venus à l'Artémision, voyant une multitude de vaisseaux amenés aux Aphètes[7] et tout le pays plein de troupes, constatant que les affaires des Barbares prenaient un autre cours qu'ils ne s'y attendaient, furent pris de peur, et ils délibérèrent s'ils ne se retireraient pas de l'Artémision vers le centre de la Grèce. Les Eubéens, ayant eu connaissance de ces délibérations, prièrent Eurybiade d'attendre un peu de temps, jusqu'à ce qu'ils eussent mis en sûreté leurs enfants et les gens de leurs maisons. Comme Eurybiade ne se laissait pas persuader, ils se tournèrent d'un autre côté et décidèrent Thémistocle, le commandant des Athéniens, moyennant une somme de trente talents, à faire en sorte que la flotte demeurât sur place et livrât bataille en avant de l'Eubée.

Et voici comment Thémistocle réussit à retenir les Grecs. À Eurybiade, il offrit une part de cette somme d'argent, cinq talents, qu'il présenta, je pense, comme venant du sien. Eurybiade gagné, Adeimantos, fils d'Okytos, le commandant corinthien, opposait seul entre les autres chefs une violente résistance, déclarant qu'il partirait de l'Artémision, qu'il n'y resterait pas ; Thémistocle lui tint donc ce langage, appuyé d'un serment :

7. Littoral sur le continent en face du cap Artémision.

– Tu ne nous quitteras pas, car je te donnerai, moi, de plus riches présents que ne t'en enverrait le roi des Mèdes si tu abandonnais les alliés.

En même temps qu'il parlait ainsi, il envoyait au navire d'Adeimantos trois talents. Vaincus par ces présents, Eurybiade et Adeimantos furent retournés, satisfaction donnée aux Eubéens ; et, personnellement, Thémistocle y gagna ; on ne savait pas qu'il gardait le reste de l'argent, mais ceux qui de cet argent avaient reçu leur part croyaient qu'il lui était venu d'Athènes pour cette destination.

Les Grecs restèrent donc dans les eaux de l'Eubée et y livrèrent bataille.

Hérodote, *Histoires*, 8, 4-6

Thémistocle usa du même argument persuasif envers un trié-rarque[8] athénien.

Comme il rencontrait la plus forte opposition, parmi ses concitoyens, de la part d'Architélès, triérarque du navire sacré, qui, n'ayant pas d'argent pour payer ses matelots, s'apprêtait à prendre le départ, Thémistocle excita encore davantage contre lui les gens de son équipage, qui accoururent ensemble et lui ravirent son dîner. Comme Architélès était découragé et indigné de cet affront, Thémistocle lui envoya pour dîner un panier de pains et de viandes, au fond duquel il avait mis un talent d'argent, et lui fit dire de dîner tout de suite et de s'occuper de ses matelots le lendemain ; sinon il le dénoncerait publiquement comme ayant reçu de l'argent des ennemis. Tel est le récit que fait Phanias de Lesbos.

Plutarque, *Thémistocle*, 7, 6-7

8. Le triérarque assume une partie des frais de la trière et en assure le commandement sous l'autorité du stratège.

On a vu plus haut, à propos de « la muraille de bois » que la rhétorique thémistocléenne fait appel, au besoin, au Ciel. Encore faut-il que le Ciel s'exprime comme le souhaite Thémistocle. Le serpent sacré, locataire de l'Erechthéion, va venir au secours du stratège : il faut que toute la population évacue Athènes.

Au dire des Athéniens, habite dans le sanctuaire un grand serpent gardien de l'Acropole ; c'est là ce qu'ils disent ; et, dans l'idée que ce serpent existe, ils lui présentent tous les mois des offrandes, des offrandes consistant en un gâteau de miel ; or, ce gâteau, qui jusqu'alors était toujours consommé, demeura cette fois intact : la prêtresse l'ayant fait savoir, les Athéniens furent plus décidés et plus empressés à abandonner la ville, pensant que la déesse elle-même avait abandonné l'Acropole. Après avoir tout mis en sûreté, ils s'embarquèrent et rallièrent le camp.

Hérodote, *Histoires*, 8, 41

Cette absence éloquente du serpent sacré ne fut pas spontanée. La « leçon » qu'évoque naïvement Plutarque n'a pu être comprise que si elle était bien payée.

Ce fut alors que Thémistocle, désespérant de gagner la multitude à ses vues par des raisonnements humains, eut recours à un moyen qui rappelle la machine aérienne du théâtre tragique : il essaya de les convaincre par des signes divins et par des oracles. Il interpréta comme un prodige l'absence du serpent qui sembla avoir disparu ces jours-là de l'enclos sacré. S'apercevant que les prémices qu'on lui servait chaque jour restaient intactes, des prêtres, à qui Thémistocle avait fait la leçon, annoncèrent au peuple que la déesse avait abandonné la ville pour les guider vers la mer.

Plutarque, *Thémistocle*, 10, 1-2

Évacuant leur ville, les Athéniens n'ont plus rien, ils laissent tout dans leurs maisons abandonnées. Un organisme d'État ou bien un stratège prévoyant va les secourir dans leur détresse.

Comme l'État athénien n'avait pas d'argent à sa disposition, l'Aréopage[9], au dire d'Aristote, fournit huit drachmes à chacun des hommes qui faisaient campagne, et c'est ainsi que fut complété, surtout grâce à lui, l'équipage des trières. Mais Clidémos prétend que ce résultat aussi fut dû à un stratagème de Thémistocle ; il raconte que, lorsque les Athéniens descendirent au Pirée, la tête de la Gorgone[10] disparut de la statue de la déesse, et qu'alors Thémistocle, fouillant partout sous prétexte de la chercher, découvrit, cachée dans les bagages, une grosse somme d'argent, qui fut mise en commun et servit à fournir aux équipages des vaisseaux des provisions abondantes.

Plutarque, *Thémistocle*, 10, 6-7

Réfugié chez le Grand Roi dans les dernières années de sa vie, un jour qu'il faisait du tourisme à Sardes, il commit une grande imprudence, qu'il sut rattraper.

Comme arrivé à Sardes[11] et étant de loisir, il contemplait l'architecture des temples et la multitude des offrandes, il remarqua dans le sanctuaire de la Mère des dieux[12] une

9. Ce Conseil aristocratique avait en 480 des pouvoirs étendus.

10. La tête de ce monstre, qui pétrifiait l'ennemi, était placée sur le bouclier d'Athéna et ornait souvent les riches boucliers.

11. Sardes avait été la capitale du richissime roi de Lydie Crésus. Après la conquête perse, elle devint le siège d'une des plus importantes satrapies, régissant une grande partie de l'Asie Mineure. Elle était célèbre pour ses monuments. On comprend que le touriste Thémistocle ait eu envie de la visiter.

12. La « Mère des dieux » ou « Grande Mère » ou encore Cybèle est l'une des plus anciennes divinités du monde antique, particulièrement honorée en Asie Mineure et au Proche-Orient. Les origines

statuette de bronze, haute de deux coudées, qui représentait une jeune fille, appelée l'Hydrophore[13] : c'est lui-même qui l'avait fait faire et l'avait dédiée lorsqu'il était préposé au service des eaux à Athènes, avec les amendes dont il frappait ceux qui captaient ou détournaient l'eau à leur profit. Soit qu'il fût contristé de voir cette offrande au pouvoir de l'ennemi, soit qu'il voulût montrer aux Athéniens le crédit et l'autorité dont il jouissait dans les États du Roi, il parla de cette statue au satrape de Lydie en lui demandant de la renvoyer à Athènes[14]. Le Barbare s'en irrita et lui déclara qu'il allait en écrire au Roi ; effrayé, Thémistocle eut recours au harem du satrape ; il gagna ses concubines à prix d'argent et réussit ainsi à calmer sa colère.

Plutarque, *Thémistocle*, 31, 1-2

de son culte étant en partie phrygiennes, on n'est pas étonné de voir qu'elle avait un sanctuaire en Lydie, à Sardes, capitale satrapique proche de la Phrygie.

13. Comme son nom l'indique, une « hydrophore » porte sur sa tête ou sur son épaule un récipient d'eau.

14. Le sanctuaire de la déesse Kybébé (autre nom de Cybèle) avait été incendié en 498, lors de la révolte de l'Ionie à laquelle les Athéniens avaient pris part. Hérodote conclut ainsi l'épisode : « C'est cet incendie que les Perses allégèrent par la suite [en 480] pour brûler en revanche les sanctuaires des pays grecs. » (5, 102). Les Perses emportèrent aussi des statues de dieux.

L'ENNEMI PUBLIC N° 1

471-470

Après Salamine, Thémistocle a certes réussi à faire adopter par ses concitoyens son ambitieuse politique navale, mais il s'attire aussi de plus en plus d'ennemis. Il lasse les Athéniens par le rappel de ses exploits.

Dès ce temps-là, ses concitoyens aussi, jaloux de sa gloire, accueillaient volontiers ces calomnies et l'obligeaient à se montrer fastidieux en rappelant à maintes reprises ses propres exploits dans l'Assemblée. Il dit un jour à ceux qui le supportaient avec peine :

— Et vous, pourquoi vous lassez-vous de recevoir de nombreux bienfaits d'une même personne ?

Plutarque, *Thémistocle*, 22, 1

Il met la divinité au service de sa gloire.

Il choqua aussi le peuple en fondant un sanctuaire d'Artémis, qu'il surnomma Aristoboulè[1], par allusion au fait qu'il avait donné à Athènes et aux Grecs les meilleurs conseils. Il avait établi ce sanctuaire près de sa maison à Mélitè (…). Il y avait encore de mon temps, dans le temple d'Aristoboulè, une petite statue de Thémistocle, qui nous montre qu'il avait non seulement une âme, mais aussi les traits dignes d'un héros.

Plutarque, *Thémistocle*, 22, 2-3

---

1. Aristoboulè signifie « excellente conseillère ».

Il s'attire aussi l'hostilité des Spartiates.

Dans les conseils des Amphictyons[2], les Lacédémoniens proposèrent d'exclure de l'Amphictyonie les cités qui n'avaient pas pris part à la lutte commune contre le Mède. Thémistocle, craignant que, s'ils réussissaient à chasser du Conseil les Thessaliens, les Argiens et aussi les Thébains, ils ne fussent entièrement maîtres des suffrages et ne fissent prévaloir leurs décisions, prit la parole en faveur de ces cités et changea l'opinion des pylagores[3], en leur représentant qu'il n'y avait que trente et une cités qui eussent pris part à la guerre, que la plupart étaient tout à fait petites, et qu'il serait dangereux que deux ou trois grands États fussent maîtres du Conseil, à l'exclusion du reste de la Grèce. Par là, il heurta violemment les Lacédémoniens ; aussi poussèrent-ils Cimon aux honneurs et l'opposèrent-ils comme rival à Thémistocle dans la conduite des affaires.

Plutarque, *Thémistocle*, 20, 3-4

« *Le nouveau coryphée de l'histoire athénienne* »[4] *est donc Cimon : de 477 à son ostracisme en 461, il va brillamment jouer ce rôle. Les intérêts de Sparte rejoignent l'humeur capricieuse du peuple athénien.*

Dès qu'il se lança dans la politique, le peuple l'accueillit avec joie et, lassé de Thémistocle, l'éleva aux plus grands honneurs et aux plus hautes charges de l'État, d'autant qu'il

2. Une amphictyonie est une association de peuples ou de cités qui administre en commun un sanctuaire. La plus connue est celle qui est mentionnée ici, l'Amphictyonie pylaeo-delphique, regroupant 12 peuples autour du sanctuaire d'Apollon à Delphes et de celui de Déméter aux Thermopyles.

3. Les peuples étaient représentés par des hiéromnémons, assistés de spécialistes des affaires sacrées ou d'orateurs appelés « pylagores » ; seuls les hiéromnémons avaient droit de vote, ce que Plutarque semble ignorer ici.

4. J'emprunte l'expression à Will, *op. cit.*, p. 135.

était bien vu et aimé de la foule à cause de sa mansuétude et de sa simplicité.

Plutarque, Cimon, 5, 5

Thémistocle doit faire face à l'alliance redoutable de son vieil adversaire, Aristide et du brillant Cimon.

Le principal auteur de son élévation fut Aristide, fils de Lysimaque, qui, voyant son excellent naturel, fit de lui comme un contrepoids à l'habilité et à l'audace de Thémistocle.

Plutarque, Cimon, 5, 6

Il était, en effet, avec Aristide, l'adversaire de Thémistocle, qui exaltait à l'excès la démocratie.

Plutarque, Cimon, 10, 8

Au cours de la décennie 480-470, l'influence de Thémistocle décroît au profit de Cimon. Mais Thémistocle avait un sens inné de la publicité : il savait faire appel aux poètes les plus célèbres pour chanter ses mérites. Phrynichos était de ceux-là. Aux Grandes Dionysies de 476, furent représentées les Phéniciennes : *le prologue annonçait la défaite de Xerxès, puis le chœur des femmes des marins de Sidon se lamentait, louange indirecte du vainqueur. Ce n'est évidemment pas un hasard si Thémistocle fut le chorège de cette pièce.*

De même encore, étant chorège, il remporta le prix pour la tragédie, en un temps où cette sorte de concours était déjà l'objet d'un grand empressement et d'une grande émulation. Il consacra, pour commémorer sa victoire, une plaque portant cette inscription : « Thémistocle de Phréarrhes était chorège ; Phrynichos, poète ; Adeimantos, archonte. »[5]

Plutarque, Thémistocle, 5, 5

5. L'archontat d'Adeimantos permet de dater la représentation de la tragédie.

En 472, Eschyle remporta le premier prix avec la tragédie
Les Perses, *hymne à la gloire des combattants de Salamine et de*
l'auteur de cette extraordinaire victoire. Périclès, âgé de moins de
20 ans, désireux d'attirer sur lui quelques rayons de la fameuse
bataille, en fut le chorège. Mais les litanies de plaintes de la cour de
Suse retombaient en gloire d'abord sur le vainqueur de Salamine.
Le Messager arrive.

O cités de l'Asie entière, ô terre de Perse, havre de richesse
infinie, voici donc, d'un seul coup, anéanti un immense bonheur, abattue et détruite la fleur de la Perse ! – Hélas ! c'est
un malheur déjà que d'annoncer le premier un malheur. Et
pourtant il me faut déployer devant vous toute notre misère,
Perses : l'armée barbare tout entière a péri !

Eschyle, *Les Perses*, 249-255

Premières lamentations.

Le Chœur. — Horribles, horribles souffrances, imprévues
et déchirantes ! hélas ! pleurez donc, Perses, à l'annonce de
cette douleur.

Le Messager. — Oui, car c'en est fait de tout ce qui
partit là-bas ; et moi-même, c'est contre tout espoir que je
vois le soleil du retour (…).

Le Chœur. — Las ! hélas ! c'est donc pour rien qu'ensemble des milliers d'armes de toute espèce ont passé du pays
d'Asie sur une terre ennemie, sur le sol de Grèce.

Le Messager. — En foule, les cadavres de nos malheureux
morts couvrent à cette heure le rivage de Salamine et tous
ses alentours.

Le Chœur. — Las ! hélas ! tu me fais voir ceux que j'aime
roulés du flot, où sans cesse ils replongent, corps sans vie
emportés dans leurs larges saies errantes !

Eschyle, *Les Perses*, 256-277

Dernières lamentations, sur lesquelles se clôt le drame.

Xerxès. — Ils ont péri, toux ceux qui guidaient mon armée !

Le Chœur. — Ils ont péri, hélas ! ignominieusement !

Xerxès. — Las ! las ! hélas ! hélas !

Le Chœur. — Hélas ! les dieux ont provoqué un désastre imprévu : avec quel éclat se révèle Até[6] !

Xerxès. — Nous voici frappés - de quelle éternelle détresse !

Le Chœur. — Nous voici frappés - il n'est que trop clair.

Xerxès. — D'un revers inouï, d'un revers inouï.

Le Chœur. — Pour nous être heurtés – fâcheux coup du sort ! – aux marins d'Ionie[7] ! Malheureux à la guerre est le peuple de Perse (...).

Xerxès. — Et, à ce coup fatal, j'ai déchiré mes vêtements.

Le Chœur. — Hélas ! hélas !

Xerxès. — Non, dis : « plus que hélas ! »

Le Chœur. — Oui, doubles et triples maux !

Xerxès. — Douleur pour nous, joie pour nos ennemis (...).

Xerxès. — Fais éclater tes sanglots. Hélas ! trois fois hélas !

Le Chœur. — Hélas ! trois fois hélas ! Et des coups lugubres, gémissants, las ! accompagneront ma plainte.

Xerxès. — Frappe aussi ta poitrine et lance l'appel mysien[8].

Le Chœur. — Ô douleurs, douleurs !

Xerxès. — Ravage aussi le poil blanc de ta barbe.

6. Até est la « faute » personnifiée.
7. Les Athéniens sont des Ioniens.
8. La Mysie est une région d'Asie Mineure.

Le Chœur. —À pleines mains, à pleines mains, lamentablement (…)

Xerxès. — Mouille tes yeux de larmes.

Le Chœur. — J'en suis inondé.

Xerxès. — Crie pour répondre à mes cris.

Le Chœur. — Las! hélas! (…).

Xerxès. — Hélas! hélas! sur ceux qui ont péri - hélas! hélas! - péri par nos galiotes à triple rang de rames.

Le Chœur. — Oui, je t'escorterai de mes sanglots lugubres.

Le Chœur sort derrière le Roi.

Eschyle, *Les Perses*, 1003-1077

En outre, par deux fois au moins, Eschyle faisait des allusions évidentes à Thémistocle à la « muraille de bois ».

La Reine. — Athènes est donc encore intacte?

Le Messager. — La cité qui garde ses hommes possède le plus sûr rempart.

Eschyle, *Les Perses*, 348-349

Et à la célèbre ruse de Thémistocle pour contraindre les Grecs à combattre sur place.

La Reine. — Mais quel fut, pour les flottes, le signal de l'attaque? Dis-moi qui entama la lutte? les Grecs? ou mon fils, s'assurant au nombre de ses vaisseaux?

Le Messager. — Ce qui commença, maîtresse, toute notre infortune, ce fut un génie vengeur, un dieu méchant, surgi je ne sais d'où. Un Grec vint en effet de l'armée athénienne dire à ton fils Xerxès que, sitôt tombées les ténèbres de la sombre nuit, les Grecs n'attendraient pas davantage et, se précipitant sur les bancs de leurs nefs, chercheraient leur salut, chacun de son côté, dans une fuite furtive. À peine l'eut-il entendu, que, sans soupçonner là une ruse de Grec ni la jalousie des dieux, Xerxès à tous ses chefs d'escadre déclare ceci : « Quand le soleil aura cessé d'échauffer la terre de ses rayons et que l'ombre aura pris possession de l'éther sacré, ils disposeront le gros de leurs navires sur trois rangs, pour garder les issues et les passes grondantes, tandis que d'autres, l'enveloppant, bloqueront l'île d'Ajax[9] ; car, si les Grecs échappent à la male mort et trouvent sur la mer une voie d'évasion furtive, tous auront la tête tranchée : ainsi en ordonne le Roi. » Un cœur trop confiant lui dictait tous ces mots : il ignorait l'avenir que lui ménageaient les dieux ! Eux, sans désordre, l'âme docile, préparent leur repas ; chaque marin lie sa rame au tolet qui la soutiendra ; et, à l'heure où s'est éteinte la clarté du jour et où se lève la nuit, tous les maîtres de rames montent dans leurs vaisseaux, ainsi que tous les hommes d'armes. D'un banc à l'autre, on s'encourage sur chaque vaisseau long. Chacun vogue à son rang, et, la nuit entière, les chefs de la flotte font croiser toute l'armée navale. La nuit se passe sans que la flotte grecque tente de sortie furtive.

Eschyle, *Les Perses*, 350-385

Mais les ennemis de Thémistocle étaient trop nombreux et trop influents à Athènes comme à Sparte. La machine infernale était en route. Les Perses *ne sauvèrent pas Thémistocle ; peut-être, firent-ils seulement échouer une première tentative d'ostracisme.*

Thémistocle affaibli, ce n'était pas suffisant pour Sparte. Il fallait, en abattant cet ennemi des Lacédémoniens, humilier Athènes.

9. La description d'Eschyle est précise : pour enfermer les Grecs dans la baie de Salamine (d'Ambélaki exactement), il faut les bloquer au nord en contournant « l'île d'Ajax » (Salamine) par l'ouest et bloquer les deux issues principales à l'est, entre Salamine et l'îlot de Psyttalie et entre celui-ci et le littoral attique. Voir les cartes, p. 163 et suiv.

Les Lacédémoniens, voyant que Sparte était humiliée à cause de la trahison de Pausanias[10], son général, tandis que les Athéniens jouissaient d'une bonne réputation pour n'avoir eu aucun de leurs concitoyens condamné pour trahison, s'employèrent activement à faire tomber sur Athènes les mêmes accusations. En conséquence, comme Thémistocle était très estimé à Athènes et que sa valeur lui donnait une grande gloire, ils l'accusèrent de trahison, affirmant qu'il avait été l'ami intime de Pausanias et qu'il était convenu avec lui de livrer tous deux la Grèce à Xerxès. Au cours d'entretiens avec les ennemis personnels de Thémistocle, ils les poussaient à l'accuser et ils leur donnèrent de l'argent ; ils leur apprirent que, lorsque Pausanias eut décidé de trahir les Grecs, il s'ouvrit de son projet à Thémistocle et l'invita à s'associer à son entreprise et que, si celui-ci n'accepta pas cette proposition, il estima cependant qu'il ne devait pas accuser un homme qui était son ami. Quoi qu'il en soit, Thémistocle fut accusé, mais il échappa cette fois-ci à la condamnation pour trahison. En conséquence, lavé de cette accusation, il était d'abord en très haute faveur chez les Athéniens ; ses exploits lui attiraient en effet l'affection privilégiée de ses concitoyens ; mais ensuite, ceux qui redoutaient sa prééminence comme ceux qui jalousaient sa gloire, oublieux de ses bienfaits, déployaient leurs efforts pour ruiner son crédit et abattre son ambition.

Diodore de Sicile, *Bibliothèque historique*, 11, 54, 2-5

10. Après Platées, c'est le Spartiate Pausanias qui commande toute la flotte grecque. Il échange des messages avec le roi de Perse : si celui-ci lui donne sa fille en mariage, il est prêt à lui livrer la Grèce. C'est du « médisme » ou haute trahison. Quand les Spartiates découvrent la vérité, ils l'emmurent vivant dans le sanctuaire où il s'était réfugié.

Sparte obtient un premier succès.

Ils commencèrent donc par l'éloigner de la cité en le frappant de ce qu'on appelle l'« ostracisme », mesure qui fut instituée à Athènes après qu'on eut aboli la tyrannie des Pisistratides[11], et qui consistait en ceci : chaque citoyen écrivait sur un tesson d'argile [*ostracon*] le nom de l'homme qui lui semblait être le plus à même de renverser le régime démocratique[12] ; celui que le plus grand nombre de bulletins désignait devait quitter sa patrie pendant cinq ans[13]. Si les Athéniens ont jugé bon d'instituer cette loi, ce n'est pas pour châtier quelqu'un qui serait coupable, mais pour que l'exil abatte les ambitions des citoyens trop influents. Thémistocle donc, ostracisé de la manière que je viens d'indiquer, quitta sa patrie et se réfugia à Argos.

Diodore de Sicile, *Bibliothèque historique*, 11, 55, 1-3

Thémistocle ne choisit pas Argos au hasard : c'est, dans le Péloponnèse, la vieille ennemie de Sparte.

Thémistocle, frappé d'ostracisme, et, tout en ayant pour centre Argos, faisait des séjours dans le reste du Péloponnèse.

Thucydide, *La Guerre du Péloponnèse*, 1, 135, 3

Ce n'est pas un hasard non plus si, en 471/0, les Éléens se donnent une constitution démocratique, ce que le puissant voisin, l'oligarchique Sparte, n'apprécie pas du tout. Thémistocle circule

---

11. C'est-à-dire lors de l'instauration de la démocratie par Clisthène en 508.

12. Les fouilles exécutées depuis un demi-siècle sur l'Agora et le Céramique nous ont livré quelque 11 000 *ostraca* : c'est le nom de Thémistocle qu'on y lit le plus souvent.

13. Erreur manifeste de Diodore, qui est en contradiction avec toutes les autres sources, lesquelles donnent le nombre de 10 ans.

donc dans la chasse gardée de Sparte, pour y attiser le mécontentement contre celle-ci.

Quand les Lacédémoniens apprirent ces événements, pensant que la fortune leur fournissait une belle occasion d'attaquer Thémistocle, ils envoyèrent à Athènes une nouvelle ambassade, qui accusa Thémistocle d'avoir pris part à la trahison de Pausanias ; il fallait, disaient-ils, que ce procès dans lequel seraient jugés tous les crimes commis contre la Grèce tout entière, se déroulât non pas chez les Athéniens, comme une affaire athénienne, mais devant le congrès des Grecs, au lieu où ils avaient coutume de se réunir, à Sparte, en ce temps-là. Voyant que les Lacédémoniens travaillaient ardemment à calomnier la cité d'Athènes et à l'humilier, que les Athéniens, de leur côté, voulaient se défendre contre cette accusation de trahison portée contre eux, Thémistocle comprit qu'il serait livré au congrès des Grecs. Il savait que ce congrès ne prononçait pas ses décisions dans un esprit de justice, mais pour plaire aux Lacédémoniens ; il en avait pour preuve sa conduite lors du choix qu'avaient fait ses membres entre Athéniens et Éginètes : en effet, ceux auxquels il appartenait de voter s'étaient montrés si jaloux des Athéniens que, ceux-ci avaient beau fournir plus de trières que tous les participants au combat réunis n'en avaient fourni, ils n'avaient pas reconnu leur supériorité sur les autres Grecs[14]. Pour ces raisons précises, Thémistocle n'avait pas confiance dans les membres du congrès. En outre, c'est à partir d'éléments de la défense prononcée par Thémistocle lors de son procès à Athènes que les Lacédémoniens constituaient la matière de leur nouvelle accusation. Thémistocle avait, en effet, reconnu dans sa défense que Pausanias lui avait envoyé des lettres dans lesquelles il le pressait de s'associer à sa tra-

14. Diodore a raconté plus haut comment, après Salamine, le prix de bravoure fut attribué, sous la pression spartiate, aux Éginètes, voir p. 66.

hison, et il les avait utilisées comme témoignage essentiel pour montrer que Pausanias ne l'aurait pas ainsi pressé si, lui, Thémistocle, n'avait pas rejeté sa demande.

Diodore de Sicile, *Bibliothèque historique*, 11, 55, 4-8

Commence alors pour Thémistocle une odyssée digne du héros de l'Iliade. Première étape : Corcyre.

Les Athéniens (…) adjoignirent aux Lacédémoniens, qui étaient prêts à le rechercher, des gens ayant pour instruction de l'arrêter, en tout lieu où ils le trouveraient. Thémistocle, averti à temps, s'enfuit alors du Péloponnèse et gagna Corcyre, où il avait le titre de bienfaiteur[15]. Puis, les Corcyréens, déclarant qu'ils avaient peur, en le gardant, d'encourir l'hostilité des Lacédémoniens et des Athéniens, le font passer sur la côte, en face de leur île.

Thucydide, *La Guerre du Péloponnèse*, 1, 135, 3 – 136, 1

Deuxième étape : chez les Molosses.

Poursuivi dans ses divers déplacements par les envoyés qui s'informaient de lui, il est contraint, dans un moment d'embarras, de s'arrêter chez Admète, le roi des Molosses[16], avec qui il n'était pas en bons termes. Le roi ne se trouvait pas dans le pays ; Thémistocle se présente en suppliant à sa femme, et celle-ci lui indique alors qu'il doit s'installer avec leur enfant dans les bras devant l'autel du foyer. Admète ne tarde pas à arriver, et Thémistocle lui explique d'abord

15. Ce n'est pas par hasard qu'il se réfugie à Corcyre. Son grand dessein politique avait englobé l'Occident grec : on se souvient que, lors de la crise de Salamine, il avait envisagé de transférer la population athénienne à Siris, voir p. 53 ; voir aussi la p. 85. Ce titre officiel d'« évergète » (bienfaiteur) des Corcyréens suppose qu'il leur avait rendu un service insigne.

16. Peuple d'Épire (actuelle Albanie).

qui il est, ajoutant que, s'il avait pu lui-même parler contre
les demandes du roi aux Athéniens, celui-ci se devait de
ne pas l'en punir en cet état de fugitif : il maltraiterait
en l'occurrence quelqu'un de bien plus faible, alors que
la noblesse voulait une vengeance à égalité entre gens se
valant ; de plus, quand il s'était lui-même opposé au roi,
c'était pour un besoin quelconque où il ne s'agissait pas de
sauver sa personne, tandis que celui-ci, en le livrant (et il
expliquait par qui et pourquoi il était recherché), lui ravirait
la possibilité de sauver sa vie. Le roi, après l'avoir entendu,
le relève avec son propre fils dans les bras, dans l'attitude
même qu'il avait prise en s'asseyant avec l'enfant, et qui
constituait la supplication la plus pressante : peu après, quand
les Lacédémoniens et les Athéniens vinrent le trouver en
insistant de cent façons, il refuse de le livrer, et étant donné
son désir de se rendre auprès du Roi, il le fait conduire par
terre d'une mer à l'autre, à Pydna, chez Alexandre.

Thucydide, *La Guerre du Péloponnèse*, 1, 136, 2 – 137, 1

*On trouve chez Plutarque une version légèrement différente de
la scène pathétique chez Admète.*

De là il s'enfuit en Épire. Se voyant poursuivi par les
Athéniens et les Lacédémoniens, il se jeta dans une tentative
périlleuse et désespérée : il s'enfuit chez Admète, qui était roi
des Molosses. Celui-ci avait autrefois demandé aux Athéniens
une faveur que Thémistocle, alors à l'apogée de sa puissance
politique, lui avait refusée d'une façon insultante. Il en conservait toujours du ressentiment et il semblait certain que, si
Thémistocle tombait entre ses mains, il en tirerait vengeance.
Mais, dans son sort présent, Thémistocle redoutait plus la
haine toute fraîche de ses compatriotes que la colère ancienne
d'un roi. Aussi se mit-il résolument à la merci d'Admète en se
présentant devant lui comme suppliant, mais d'une manière
tout à fait particulière et extraordinaire. Il prit dans ses bras

le fils du roi, qui était un enfant, et se jeta à genoux devant
le foyer, ce qui est la manière de supplier que les Molosses
regardent comme la plus sacrée et presque la seule qui ne
puisse être refusée. Quelques-uns disent que ce fut Phthia,
la femme du roi, qui suggéra à Thémistocle cette forme de
supplication et qu'elle plaça elle-même son fils avec lui devant
le foyer. Mais, selon d'autres, c'est Admète en personne qui,
pour pouvoir invoquer devant les poursuivants de Thémistocle
les scrupules religieux qui lui faisaient une obligation de ne
pas le livrer, arrangea et joua de concert avec lui cette scène
pathétique de supplication.

Plutarque, *Thémistocle*, 24, 2-5

Troisième étape : traversée de la Macédoine.

Mais, lorsque les Lacédémoniens envoyèrent en ambassade
auprès d'Admète les plus hauts personnages qui exigèrent
qu'on leur livrât Thémistocle pour le châtier, parce que,
disaient-ils, c'était un traître et le fléau de la Grèce entière,
lorsqu'en outre ils déclarèrent que, s'il ne le livrait pas, ils
feraient la guerre au roi aidés de tous les Grecs, alors, effrayé
par ces menaces, mais ému de pitié pour son suppliant
et voulant éviter la honte d'une trahison, le roi persuada
Thémistocle de partir au plus vite en échappant à la surveillance des Lacédémoniens et il lui donna une grosse somme
en or pour subvenir aux dépenses de sa fuite. Thémistocle
donc, chassé de partout et en possession de cet or, s'enfuit de
nuit du pays des Molosses, le roi lui fournissant toute l'aide
possible pour fuir ; il rencontra deux jeunes gens du pays
des Lyncestes[17] qui faisaient du commerce et connaissaient
donc les routes, et il s'enfuit en leur compagnie.

Diodore de Sicile, *Bibliothèque historique*, 11, 56, 2-3

17. Parti d'Épire, Thémistocle se dirige vers le nord-ouest et
traverse la Macédoine, dont l'une des régions était la Lyncestide.

Quatrième étape : il arrive à Pydna, chez le roi de Macédoine, Alexandre ; de là, il s'embarque pour l'Asie.

Là, il trouve un bâtiment qui faisait voile vers l'Ionie ; il s'y embarque, et la tempête le pousse au camp athénien qui assiégeait Naxos[18]. Alors, comme les gens du navire ignoraient son identité, il explique au capitaine qui il est et les raisons de sa fuite : si celui-ci ne le sauvait pas, il ajouta qu'il l'accuserait de s'être laissé acheter pour emmener son passager ; la sécurité exigeait donc que personne ne quittât le bord jusqu'à ce qu'on pût reprendre la mer ; mais, s'il l'écoutait, alors, lui, Thémistocle, ne manquerait pas de l'en récompenser dignement. Le capitaine se conforme à cet avis, et, après avoir mouillé pendant un jour et une nuit au large du camp athénien, il arrive plus tard à Éphèse.

Thucydide, *La Guerre du Péloponnèse*, 1, 137, 2

Hors d'atteinte des Grecs, le voici presque sauvé.

Il parvint en Asie. Comme il avait là-bas un hôte personnel, un homme nommé Lysithéidès, à qui sa renommée et sa richesse donnaient un grand prestige, c'est auprès de lui qu'il se réfugia. Ce Lysithéidès se trouvait être l'ami du roi Xerxès et, lors de sa traversée du pays, il avait offert un repas à toute l'armée des Perses. C'est pourquoi, entretenant avec le Roi des relations amicales et voulant par pitié sauver Thémistocle, il lui promit de lui apporter toute son aide.

Diodore de Sicile, *Bibliothèque historique*, 11, 56, 4-5

18. Plus probablement Thasos en 466/5, mais il faut bien reconnaître que, à l'exception de sa stratégie en 480, toutes les dates de la vie de Thémistocle sont matière à conjectures. Pour certaines, comme celle de son ostracisme, on est dans le domaine du plus probable.

Thémistocle tente un coup d'une audace extrême.

Quand Thémistocle lui demanda de le mener auprès de Xerxès, d'abord il refusa, lui faisant valoir qu'il irait ainsi au châtiment pour les maux qu'il avait causés aux Perses ; mais, instruit que c'était son intérêt, il céda et le fit parvenir jusqu'en Perside en toute sécurité d'une étonnante façon.

Diodore de Sicile, *Bibliothèque historique*, 11, 56, 6

La plupart des nations barbares, et en particulier les Perses, sont naturellement à l'égard de leurs femmes d'une jalousie sauvage et intraitable. Ils gardent strictement, non seulement leurs femmes légitimes, mais encore celles qu'ils ont achetées à prix d'argent et qu'ils ont prises pour concubines, afin qu'elles ne soient vues de personne du dehors. Elles vivent au logis dans une réclusion complète, et, quand elles voyagent, elles sont transportées dans des voitures entièrement recouvertes d'un baldaquin clos de tous les côtés. On prépara donc pour Thémistocle un chariot de ce genre, où il se cacha pour faire le voyage. Les gens qui l'accompagnaient répondaient chaque fois à ceux qu'ils rencontraient et qui leur posaient des questions que c'était une fille d'origine grecque qu'ils menaient d'Ionie à un des seigneurs de l'antichambre du Roi.

Plutarque, *Thémistocle*, 26, 4-6

Ayant traversé ainsi le pays « en toute sécurité », Thémistocle parvint à la cour du Roi.

« JE TIENS THÉMISTOCLE
L'ATHÉNIEN ! »

Environ 465

*Nous sommes vers 465. Thémistocle va être mis en présence du
roi de Perse, Xerxès ou son fils et successeur Artaxerxès[19].*

Thucydide et Charon de Lampsaque disent que Xerxès
alors était mort et que ce fut son fils que Thémistocle alla
trouver ; mais Éphore, Deinon, Clitarchos, Héraclide et
plusieurs autres prétendent que ce fut Xerxès lui-même qui
le reçut. Thucydide semble plus exactement d'accord avec
les Tables chronologiques, bien qu'elles-mêmes ne soient
pas peu confuses.

Plutarque, *Thémistocle*, 27, 1-2

Le chiliarque, sorte de grand vizir, va introduire Thémistocle.

Quoi qu'il en soit, Thémistocle, arrivé au moment critique de son voyage, s'adressa d'abord au chiliarque Artaban ;
il lui dit qu'il était grec et qu'il voulait entretenir le Roi
d'affaires très importantes et qui l'intéresseraient tout particulièrement. Artaban lui répondit :
— Étranger, les hommes ont des lois différentes selon les
pays ; telle chose est belle dans l'un qui ne l'est pas dans un
autre ; mais il est beau pour tous les peuples d'honorer et de
maintenir les lois qui leur sont propres. Vous autres, vous
estimez surtout, dit-on, la liberté et l'égalité. Pour nous,

---

19. Xerxès, s'il arrive à Suse avant 465 ; Artaxerxès, s'il y arrive
en 464.

parmi beaucoup d'autres belles lois que nous avons, la plus
belle est celle qui ordonne de révérer le Roi et de se prosterner devant lui comme devant l'image du dieu qui gouverne
le monde. Si donc, approuvant nos usages, tu consens à te
prosterner, tu pourras le voir et lui parler ; mais si tu n'es
pas d'accord là-dessus, tu devras avoir recours à d'autres,
comme intermédiaires, pour communiquer avec lui ; car la
loi de nos pères n'admet pas que le Roi donne audience à
un homme qui refuse de se prosterner.

Quand il eut entendu ces paroles, Thémistocle
répondit :

– Je suis venu, moi, Artaban, pour accroître la renommée
et la puissance du Roi, et non seulement je me soumettrai
moi-même à vos lois, puisque telle est la volonté du dieu
qui élève si haut les Perses, mais encore je ferai se prosterner
devant lui un plus grand nombre qu'à présent. Que cela ne
soit donc pas un obstacle à l'entretien que je désire avoir
avec lui.

– Mais, reprit Artaban, de qui parmi les Grecs lui annon-
cerons-nous l'arrivée ? Car tes sentiments, semble-t-il, ne
sont pas du premier venu.

– Quant à cela, répliqua Thémistocle, personne, Artaban,
ne le saura avant le Roi.

Tel est le récit de Phanias, et Ératosthène, dans son
ouvrage *Sur la richesse*, ajoute que ce fut par une femme
d'Érétrie[20], concubine du chiliarque, que Thémistocle obtint
de le rencontrer et de lui être recommandé.

Plutarque, *Thémistocle*, 27, 2-8

20. Importante ville d'Eubée, conquise par le Perse Mardonios
en 479. Il est aisé pour Thémistocle de converser avec cette Grecque,
sans doute prisonnière de guerre.

Voici, face à face, le vainqueur et le vaincu de Salamine.

En tout cas, lorsqu'il fut introduit devant le Roi, il se prosterna, puis se tint debout en silence, jusqu'à ce que le Roi eût ordonné à l'interprète de lui demander son nom. À la question de l'interprète il répondit :

– Moi qui viens à toi, ô Roi, je suis Thémistocle l'Athénien, un exilé poursuivi par les Grecs. Les Perses, s'ils me doivent beaucoup de maux, me doivent encore plus de biens, puisque j'ai empêché les Grecs de les poursuivre, lorsque, la Grèce une fois en sûreté, le salut de ma patrie me mit à même de vous rendre quelques services à vous aussi. Pour moi, maintenant, je n'ai d'autres sentiments que ceux qui conviennent à mon infortune, et j'arrive, également disposé à recevoir tes bienfaits, si tu as la bonté de ne plus m'en vouloir, et à te conjurer d'oublier ta colère si tu me gardes rancune. Considère toi-même que mes ennemis témoignent des services que j'ai rendus aux Perses, et profite de mon infortune pour montrer ta générosité plutôt que pour assouvir ta colère. Dans un cas, tu sauveras ton suppliant ; dans l'autre, tu causeras la perte d'un homme qui est devenu l'ennemi des Grecs.

Après ces mots, Thémistocle, appuyant ses paroles de l'autorité divine, raconta le songe qu'il avait eu chez Nicogénès[21] et l'oracle de Zeus Dodonéen[22], qui lui avait ordonné de se rendre auprès de l'homonyme du dieu, d'où il avait conclu qu'il était envoyé chez ce prince puisque tous les deux portaient et justifiaient le titre de Grand Roi. Le Perse, l'ayant entendu, ne lui répondit rien, malgré l'admiration qu'il ressentait pour sa fierté et son audace ; mais devant ses amis il se félicita de cet événement comme d'un

21. Chez Diodore, l'hôte fortuné de Thémistocle s'appelle Lysithéidès, voir p. 112.

22. Très ancien oracle de Zeus à Dodone, au nord-ouest de la Grèce, tout près des Molosses.

très grand bonheur ; il pria Ariman[23] d'inspirer toujours
de telles pensées à ses ennemis, pour chasser de chez eux
les meilleurs citoyens ; et l'on dit qu'il offrit un sacrifice
aux dieux et se mit aussitôt à boire, et que, la nuit, au
milieu de son sommeil, sous l'effet de la joie, il s'écria
trois fois :

— Je tiens Thémistocle l'Athénien !

Plutarque, *Thémistocle*, 28, 1-6

*Selon Diodore, c'est Lysithéidès qui introduit Thémistocle
auprès du Roi.*

Une fois en présence du Roi, il s'adressa à lui avec précau-
tion et en reçut des garanties qui l'assurèrent qu'aucun mal
ne serait fait à son hôte. Il introduisit ensuite Thémistocle
en présence du Roi, qui lui donna la parole et qui, une fois
convaincu qu'il n'était en rien coupable envers lui, lui fit
remise du châtiment.

Diodore de Sicile, *Bibliothèque historique*, 11, 56, 8

*Encore une fois, le Ciel avait donné à Thémistocle un présage
favorable. Le fugitif était alors chez son hôte en Ionie.*

Il resta caché chez lui pendant quelques jours. Puis,
après le dîner, à l'issue d'un sacrifice, Olbios, surveillant
des enfants de Nicogénès, comme subitement inspiré par
les dieux et hors de sens, se mit à parler très haut et prononça le vers suivant : « À la nuit donne voix et conseil et
victoire. » Là-dessus, Thémistocle s'étant endormi, crut voir
en songe un serpent enroulé autour de sa poitrine se glisser
vers son cou, puis se changer en aigle, dès qu'il eut touché
son visage, et cet aigle, l'enveloppant de ses ailes, l'enlever

23. Ariman/Ahriman : ce dieu est le principe du Mal dans la
religion zoroastrienne, celle de la Perse achéménide.

et le porter un long chemin, enfin, un caducée d'or étant apparu, le placer solidement dessus, après quoi Thémistocle se sentit délivré de la terreur et de l'angoisse désespérées qu'il avait éprouvées.

Plutarque, *Thémistocle*, 26, 2-3

La première audience ne s'est pas conclue par une condamnation à mort. Remous à la Cour.

Alors qu'il semblait avoir été sauvé contre toute attente par l'intervention d'un ennemi, Thémistocle retomba dans des dangers encore plus grands, pour les raisons que voici. Mandane, fille de Darius, celui qui avait tué les mages, sœur consanguine de Xerxès, jouissait d'un très grand crédit chez les Perses. Ayant perdu ses deux fils à Salamine, lors de la défaite navale que Thémistocle avait infligée à la flotte perse, elle ressentait cruellement la perte de ses enfants, et la grandeur de son malheur provoquait la pitié des gens du peuple. Quand elle apprit que Thémistocle était là, elle vint au palais royal en vêtements de deuil et elle suppliait son frère en pleurant de tirer vengeance de Thémistocle. Comme il ne l'écoutait pas, elle allait voir successivement les plus nobles des Perses en les sollicitant et, en général, en excitant le peuple à réclamer le châtiment de Thémistocle. La foule, accourue en masse au palais royal, réclamait à grands cris qu'on lui livrât Thémistocle pour le châtier ; le Roi répondit qu'il constituerait un tribunal composé des Grands de Perse et que la sentence rendue serait exécutée. Tout le monde approuva ; on mit, pour préparer ce procès, un temps assez long que Thémistocle utilisa pour apprendre la langue perse.

Diodore de Sicile, *Bibliothèque historique*, 11, 57, 1-5

Il y aura donc un procès officiel, que Plutarque présente d'une manière différente.

Au point du jour, le Roi convoqua ses amis et fit introduire Thémistocle. Celui-ci n'augurait rien de bon, en voyant que les gardes de l'antichambre, apprenant son nom sur son passage, montraient de l'humeur et l'insultaient. Et même, le chiliarque Roxanès, lorsque Thémistocle s'approcha, tandis que le Roi était assis et que les autres observaient le silence, alla jusqu'à lui dire tout bas dans un soupir :

– Rusé serpent grec, c'est le bon génie du Roi qui t'a amené ici.

Cependant, quand il fut en présence du Roi et qu'il se fut de nouveau prosterné, celui-ci le salua, lui adressa la parole avec bienveillance et dit qu'il lui devait dès lors deux cents talents ; car, puisqu'il s'était livré lui-même, il avait droit à recevoir la prime promise à qui l'amènerait. Il lui promit encore bien davantage, le rassura et l'invita à lui dire en toute franchise ce qu'il voudrait des affaires grecques. Thémistocle répondit que le langage de l'homme est semblable aux tapis historiés, que, comme ceux-ci, c'est en se déployant à l'aise qu'il met dans tout leur jour les sujets traités, tandis que, contraint à se replier, il les cache et les déforme ; il conclut qu'en conséquence il lui fallait du temps. Charmé de la comparaison, le Roi lui dit de prendre son temps. Thémistocle demanda un an et, ayant appris suffisamment la langue perse, il s'entretint avec le Roi sans interprète.

Plutarque, *Thémistocle*, 29, 2-5

Un an plus tard, reprise du procès.

Il présenta sa défense dans cette langue et fut acquitté.

Diodore de Sicile, *Bibliothèque historique*, 11, 57, 5

Selon Thucydide, avant de rencontrer le Roi, Thémistocle lui adressa une lettre.

Thémistocle (…), se faisant accompagner par un Perse de la côte, pénétra dans l'intérieur et adressa une lettre au roi Artaxerxès, fils de Xerxès, qui régnait depuis peu. Voici ce que disait le texte : « C'est Thémistocle qui vient te trouver : si j'ai fait à votre maison plus de mal qu'aucun Grec, pendant tout le temps où j'ai dû me défendre contre ton père qui m'attaquait, je lui ai fait plus de bien encore, quand son retour s'accompagnait pour moi, de la sécurité, et pour lui des plus grands risques. J'ai un service à mon actif » (le texte rappelait l'annonce de leur retraite, à Salamine, et le fait que grâce à lui – par un mérite qu'il s'attribuait faussement – les ponts n'avaient pas été coupés) ; de même, j'ai la possibilité de te faire beaucoup de bien, et me voici, poursuivi par les Grecs, à cause de mon amitié pour toi. Je désire, après un délai d'un an, t'expliquer moi-même ce pour quoi je suis là. »

Le Roi, dit-on, admira ses sentiments et lui dit de suivre ce programme. Thémistocle, au cours du délai demandé, s'instruisit autant qu'il le put dans la langue perse et les usages du pays ; puis, l'année écoulée, il se présenta, et il prit auprès du Roi une place importante, comme n'en avait encore eu aucun Grec.

Thucydide, *La Guerre du Péloponnèse*, 1, 137, 3 – 138, 2

« NOUS DEVONS NOTRE SALUT
À NOTRE PERTE. »

Après 465

Acquitté, Thémistocle est royalement traité et devient un personnage influent. Thucydide nous dit pourquoi.

Il prit alors auprès du Roi une place importante comme n'en avait encore eu aucun Grec ; celle-ci s'expliquait par la considération qui lui était acquise déjà auparavant, et par les espoirs qu'il faisait naître chez le Roi de voir, grâce à lui, le monde grec asservi ; mais il la dut surtout à toutes les preuves par où se manifestait son intelligence.

Thucydide, *La Guerre du Péloponnèse*, 1, 138, 2

Diodore donne des précisions sur cet exil doré.

Le Roi se réjouit fort que Thémistocle eût sauvé sa tête et il l'honora en lui faisant de grands dons ; il l'unit par le mariage à une Perse, remarquable par sa naissance et sa beauté et, en outre, louée pour sa vertu et il lui donna une abondance de domestiques pour son service et de vaisselle de toute sorte et tout ce qui pouvait lui procurer une vie de plaisirs et de luxe. Il lui fit don aussi de trois villes, propres par leur situation à assurer sa subsistance et son plaisir : Magnésie sur le Méandre, la plus riche en blé de toutes les villes d'Asie, pour lui fournir du pain ; Myonte[1] pour

---

1. Magnésie sur le Méandre et Myonte (près de Milet) sont voisines (30 km environ). Lampsaque est à plus de 300 km, sur l'Hellespont. Ces trois villes ne constituent donc pas une sorte de royaume ou de principauté pour Thémistocle. Il a sa résidence à

sa table, car le poisson abondait sur ses côtes ; Lampsaque, située dans un grand pays de vignobles, pour le vin.

Diodore de Sicile, *Bibliothèque historique*, 11, 57, 6-7

Précisions aussi chez Thucydide.

Il a un monument funéraire à Magnésie d'Asie, sur la place (il avait la souveraineté sur ce pays, car le Roi lui avait donné, pour le pain, Magnésie, qui rapportait cinquante talents par an – pour le vin, Lampsaque, qui était considérée comme le plus riche vignoble de l'époque – et pour les mets de sa table, Myonte).

Thucydide, *La Guerre du Péloponnèse*, 1, 138, 5

Plutarque illustre son tableau par des anecdotes.

Il est vrai que les honneurs dont il était l'objet ne ressemblaient en rien à ceux qu'on rendait aux autres étrangers. Il prenait part aux chasses du Roi et aux divertissements du palais, si bien qu'il fut même admis chez la mère du Roi et devint un de ses familiers, et qu'il s'instruisit des doctrines des mages, selon le désir du Roi.

Quand Démarate[2] le Spartiate, invité à solliciter une faveur, demanda de faire son entrée dans Sardes à cheval en portant sa tiare droite, comme les Rois, Mithropaustès, cousin du Roi, touchant la tiare de Démarate, lui dit :

Magnésie et, comme le disent bien les auteurs anciens, les autres villes lui fournissent essentiellement des vivres en abondance. Les rois de Perse avaient coutume de donner à ceux qu'ils voulaient honorer les produits ou les revenus de telle ou telle ville. Deux siècles après sa mort, Thémistocle était encore honoré à Lampsaque par une fête annuelle, comme l'atteste une inscription.

2. Déchu de la royauté, Démarate avait trouvé refuge à la cour de Suse.

– Cette tiare n'a pas de cervelle à couvrir, et tu auras beau prendre en main le foudre, tu ne seras pas Zeus pour autant.

Comme le Roi, irrité de cette demande, avait opposé un refus à Démarate et semblait ne devoir jamais lui pardonner, Thémistocle intervint en sa faveur et décida le Roi à se réconcilier avec lui.

On dit même que, sous les règnes suivants, où les affaires de la Perse furent plus étroitement mêlées à celles de la Grèce, toutes les fois que les Rois avaient besoin d'un Grec, chacun d'eux promettait dans ses lettres qu'il serait plus considéré à sa cour que Thémistocle.

La plupart des auteurs rapportent qu'on lui donna trois villes pour son pain, son vin et sa viande : Magnésie, Lampsaque et Myous[3]. Néanthès de Cyzique et Phanias en ajoutent deux autres : Percotè[4] et Palaiskepsis, pour sa literie et ses vêtements.

Plutarque, *Thémistocle*, 29, 6-9, 11

Il fait des jaloux, mais le Ciel veille toujours sur lui.

Une fois qu'il descendait vers la mer pour s'occuper des affaires de la Grèce, il faillit être victime d'un attentat préparé par un Perse nommé Épixyès, satrape de la Haute-Phrygie. Celui-ci avait posté longtemps à l'avance des Pisidiens chargés de le tuer lorsqu'il serait dans le bourg de Léontoképhale pour s'y reposer entre deux étapes. Mais, dit-on, pendant que Thémistocle faisait la sieste, la Mère des dieux lui apparut en songe et lui dit :

3. Myous est la même que la Myonte de Diodore et de Thucydide quelques lignes plus haut.
4. Percotè est près de Lampsaque. Palaiskepsis n'est pas autrement connue.

– Thémistocle, laisse de côté la tête des lions, pour ne pas tomber sur un lion[5]. En échange de cet avertissement, je te demande Mnésiptoléma comme servante.

Thémistocle, profondément troublé, fit ce vœu à la déesse, puis, quittant la grande route, prit un chemin détourné et, étant passé à côté du bourg en question, fit halte à la nuit tombée. Là, une des bêtes de somme qui portait sa tente étant tombée à la rivière, les serviteurs de Thémistocle étendirent les toiles mouillées pour les faire sécher. À ce moment, les Pisidiens s'approchèrent, l'épée à la main, et, comme ils voyaient mal au clair de lune, ils pensèrent que ces toiles qui séchaient étaient la tente de Thémistocle et qu'ils le trouveraient endormi à l'intérieur. Arrivés près des toiles, ils se mirent à les soulever, mais ceux qui les gardaient tombèrent sur eux et les saisirent. C'est ainsi que Thémistocle échappa au danger ; admirant l'intervention de la déesse, il lui fit élever à Magnésie un temple sous le vocable de Dindymène[6] et lui donna pour prêtresse sa fille Mnésiptoléma.

Plutarque, *Thémistocle*, 30, 1-6

Jamais avare de bons mots, Thémistocle résuma un jour à table la situation.

On rapporte que Thémistocle lui-même, devenu puissant et objet des attentions de beaucoup de gens, un jour qu'il vit sa table magnifiquement servie, dit à ses enfants :

– Mes enfants, nous devons notre salut à notre perte.

Plutarque, *Thémistocle*, 29, 10

5. Léontoképhale signifie « tête de lion ».
6. La Mère des dieux avait, sur le mont Dindymon, près de Cyzique (littoral de la Propontide ou mer de Marmara), un sanctuaire célèbre fondé par les Argonautes.

BOIRE DU SANG DE TAUREAU

459 ou 455

Après la mésaventure de Sardes[1], Thémistocle reste dans les villes que lui a données le Roi.

Il cessa donc de se promener à travers l'Asie, ainsi que le dit Théopompe, et se fixa à Magnésie ; comblé des immenses richesses qu'on lui offrait et honoré à l'égal des Perses du premier rang, il y vécut longtemps tranquille, tant que le Roi ne prêta pas grande attention aux affaires de la Grèce, occupé qu'il était par les soucis que lui donnait le haut pays[2].

Plutarque, *Thémistocle*, 31, 3

Ainsi donc Thémistocle, délivré de la peur qu'il avait éprouvée quand il était en Grèce et, de façon paradoxale, exilé par ceux qui avaient reçu de lui les plus grands bienfaits, tandis que ceux auxquels il avait causé les plus grands maux étaient devenus ses bienfaiteurs, acheva ses jours dans ces villes, abondamment pourvu de tous les biens nécessaires à ses plaisirs.

Diodore de Sicile, *Bibliothèque historique*, 11, 58, 1

Depuis une dizaine d'années, il coulait en Asie des jours heureux, mais une promesse était suspendue au-dessus de sa tête.

Mais lorsque la défection de l'Égypte, soutenue par les Athéniens, les incursions des trières grecques jusqu'à Chypre

1. Voir p. 96.
2. Le « haut pays » désigne la Bactriane (Afghanistan actuel), satrapie où naissaient souvent des révoltes.

et à la Cilicie et la suprématie maritime de Cimon[3] obligèrent le Roi à se retourner vers les Grecs pour s'opposer à leurs entreprises et arrêter leur croissance qui le menaçait, lorsque enfin ses armées se mirent en branle et que ses généraux furent envoyés de différents côtés, des messagers vinrent annoncer à Thémistocle que le Roi lui ordonnait de mettre la main aux affaires grecques et de tenir ses promesses.

Mais Thémistocle ne se laissa pas emporter par le ressentiment contre ses concitoyens ni exalter par l'étendue des honneurs et de la puissance que pouvait lui procurer la guerre ; peut-être jugea-t-il que la tâche était bien au-dessus de ses forces, car la Grèce avait alors de grands stratèges, et en particulier Cimon, qui était extraordinairement heureux dans toutes ses campagnes : mais ce qui le retint davantage, ce fut la crainte de ternir la gloire ancienne de ses exploits et de ses trophées. Il prit donc le meilleur parti, celui de mettre fin à ses jours par une mort opportune : il fit un sacrifice aux dieux, assembla ses amis, leur fit ses adieux.

Plutarque, *Thémistocle*, 31, 4-5

Quelques historiens affirment que Xerxès, qui désirait lancer contre la Grèce une nouvelle expédition, avait demandé à Thémistocle de diriger cette guerre et que ce dernier avait donné son accord, mais avait obtenu que le Roi s'engageât par serment à ne pas mener sans lui cette expédition contre les Grecs.

On égorgea un taureau, les serments furent prononcés, alors Thémistocle remplit une coupe du sang de la victime, la vida et mourut sur-le-champ[4]. Ainsi, disent-ils,

---

3. Plutarque synthétise bien la situation. La crise successorale qui mit Artaxerxès sur le trône (464) provoqua des troubles en Bactriane et une insurrection en Égypte. La flotte de Cimon, qui faisait voile vers Chypre, se porta au secours des Égyptiens. Nous sommes vers 462.

4. Le sang de taureau passait pour se coaguler dans le corps de celui qui en buvait, provoquant ainsi sa mort. On s'est parfois

Xerxès[5] renonça à cette entreprise et Thémistocle laissa, en mourant de la sorte, la plus belle preuve qu'il se conduisit en bon citoyen dans les affaires de la Grèce.

Diodore de Sicile, *Bibliothèque historique*, 11, 58, 2-3

Fidélité à l'ingrate patrie, c'est ce que suggère Diodore. Peur d'affronter Cimon, c'est l'hypothèse lancée par Plutarque.

Cimon battit la flotte du Roi, formée de navires ciliciens et phéniciens, conquit les villes du pourtour et alla croiser près des côtes égyptiennes, non pas pour y tenter un simple coup de main, mais dans le dessein d'y renverser complètement la domination du Roi, d'autant plus qu'il avait appris que Thémistocle jouissait d'une grande réputation et d'une grande autorité chez les Barbares et avait promis au Roi, qui préparait la guerre contre la Grèce, de prendre le commandement de son armée.

En tout cas, c'est surtout, dit-on, parce qu'il n'espérait rien de cette entreprise contre la Grèce, ne pensant pas pouvoir surmonter la Fortune et la valeur de Cimon, que Thémistocle se donna volontairement la mort.

Plutarque, *Cimon*, 18, 6-7

Suicide ? Mort naturelle ? Thucydide déjà hésitait.

Il mourut de maladie. Certains prétendent aussi qu'il s'empoisonna, à la pensée qu'il ne pouvait remplir sa promesse envers le Roi.

Thucydide, *La Guerre du Péloponnèse*, 1, 138, 4

demandé si l'expression « sang de taureau » ne désignait pas une plante vénéneuse.

5. Xerxès a été assassiné en 465 (récit très circonstancié de Diodore en 11, 69). Thémistocle est mort au plus tôt en 459, donc sous le règne d'Artaxerxès.

Effet de cette mort sur le Roi.

On dit que le Roi, apprenant la cause et le genre de sa mort, l'admira encore davantage et continua de traiter ses amis et ses parents avec bienveillance.

Plutarque, *Thémistocle*, 31, 7

Les circonstances de cette mort restèrent longtemps dans la mémoire des Athéniens. Quarante ans plus tard, Aristophane sait qu'il peut les évoquer devant son public.

Deux esclaves se plaignent de leur sort.

— Alors, le mieux pour nous est de mourir.

— Allons, avise à ce que nous mourions le plus virilement.

— Comment donc, comment faire cela le plus virilement ? Le mieux pour nous serait de boire du sang de taureau. La mort de Thémistocle est la plus souhaitable.

Aristophane, *Les Cavaliers*, 80-84

Cicéron, féru de littérature et d'histoire grecques, ne croit pas trop, lui, à cette histoire de sang de taureau. Il converse avec son ami Atticus.

Quand Thémistocle vécut, en effet, la Grèce était à l'apogée de sa puissance et notre cité n'était pas encore depuis bien longtemps affranchie de la domination des rois. Car la terrible guerre des Volsques, à laquelle prit part Coriolan[6] exilé, coïncide presque avec celle des Perses ; et pareille fut la destinée des deux illustres personnages, puisque tous

6. Coriolan, patricien romain contemporain de Thémistocle ; accusé d'aspirer à la tyrannie et exilé, il se réfugia chez les Volsques, ennemis de sa patrie et, à la tête d'une armée volsque, marcha sur Rome. Au dernier moment, il fit demi-tour et racheta par sa mort sa trahison.

deux, après avoir tenu une grande place dans leur cité, en furent bannis par l'injustice d'un peuple ingrat, passèrent à l'ennemi et mirent fin, par le suicide, à l'entreprise où leur colère les avait poussés. Je sais bien, Atticus, que chez toi il y a une autre version sur la mort de Coriolan ; mais permets-moi de préférer la tradition du suicide.

– Comme tu voudras, dit en riant Atticus, puisqu'il est admis que les rhéteurs altèrent à leur gré les faits dans les histoires, pour avoir un récit plus piquant. Ce que tu fais ici pour Coriolan, Clitarque et Stratoclès[7], avec la même fantaisie, l'ont fait pour Thémistocle. Thucydide, qui était d'Athènes, qui était de très noble famille, qui était un grand esprit et qui de plus était de peu postérieur à Thémistocle, dit seulement qu'il mourut de maladie et fut enterré secrètement en Attique ; il ajoute qu'on le soupçonna de s'être empoisonné. Et c'est ce même Thémistocle, dont nos deux écrivains disent qu'ayant immolé un taureau il en recueillit le sang dans une coupe, le but et tomba mort ! Un pareil trépas leur permit de beaux traits d'éloquence et de pathétique, au lieu que l'autre mort, toute simple, n'offrait aucun prétexte à des effets oratoires. Ainsi donc, puisque cela t'arrange que tout soit pareil chez Thémistocle et chez Coriolan, prends une coupe aussi, je te le permets ; je te fournirai même une victime, afin que Coriolan soit de tous points, un second Thémistocle.

– Eh bien ! répondis-je, qu'il en soit comme tu voudras ; pour moi, je serai désormais plus circonspect quand je toucherai à l'histoire devant toi, l'historien de nos annales, un auteur dont je puis louer toute la scrupuleuse exactitude.

Cicéron, *Brutus*, 10-11, 41-44

7. Clitarque, auteur d'une *Histoire d'Alexandre* composée vers la fin du IVe siècle, qui connut un grand succès dans l'Antiquité.

Stratoclès, philosophe stoïcien qui vécut vers 100 av. J.-C. et rédigea une biographie des stoïciens sous le titre *Histoire de la Stoa*.

GLOIRE POSTHUME
ET DESCENDANTS

Quatre siècles après sa mort, dans cette histoire universelle qu'est la Bibliothèque historique, *où il aime rendre hommage aux grands hommes, Diodore laisse éclater son admiration.*

Nous voici donc arrivé au moment de la mort de l'un des plus grands hommes de la Grèce, à propos duquel beaucoup disputent s'il a fui chez les Perses après avoir fait du mal à sa patrie et à tous les autres Grecs ou, au contraire, si sa cité et tous les Grecs, auxquels il avait rendu de si grands services, ne perdirent pas le souvenir de la reconnaissance qu'ils lui devaient et ne commirent pas l'injustice de pousser leur bienfaiteur dans les plus extrêmes dangers.

Si, laissant de côté l'esprit d'envie, on examine scrupuleusement les dons naturels et les actes de cet homme, on découvrira qu'il surpasse en ces deux domaines tous ceux dont l'Histoire nous a laissé le souvenir. C'est pourquoi on serait en droit de s'étonner que les Grecs aient accepté de se priver d'un homme doué de qualités aussi exceptionnelles.

Qui d'autre en effet, alors que Sparte était la plus puissante et que la flotte grecque était commandée par le Spartiate Eurybiade, a réussi par ses seules actions à priver Sparte de cette gloire ? Qui d'autre avons-nous vu dans l'histoire réussir par un seul exploit à surpasser les autres chefs grecs, à donner la supériorité à sa cité sur les autres cités grecques et aux Grecs sur les Barbares ? Sous quel chef militaire y eut-il des moyens plus réduits pour affronter de plus grandes batailles ? Qui, contre l'ensemble des forces armées de l'Asie, s'engagea aux côtés de ses concitoyens chassés de leurs foyers et réussit à les vaincre ? Qui, dans la paix, rendit sa patrie puissante par une activité aussi prodigieuse ? Qui, alors qu'elle était en proie à une guerre terrible, assura son salut et, grâce à une seule idée, celle qu'il conçut à propos du pont de bateaux, affaiblit de moitié les forces terrestres de l'ennemi de sorte qu'il fut plus facile aux Grecs d'avoir le dessus ?

C'est pourquoi, quand nous contemplons la grandeur de ses actes et que, passant en revue les événements, nous constatons que sa cité l'a traité indignement alors qu'elle devait son ascension à ses exploits, nous concluons que cette cité, qui passait, à juste titre, pour la plus sage et la plus civilisée de toutes, s'est conduite avec une extrême dureté envers cet homme.

Ainsi donc, la valeur exceptionnelle de Thémistocle nous a entraîné dans une longue digression, mais nous avons estimé que les rares qualités de cet homme ne méritaient pas qu'on passât à côté sans les souligner.

> Diodore de Sicile, *Bibliothèque historique*,
> 11, 58, 4 – 59, 4

On ne s'étonnera pas de voir Grecs et Romains se référer, d'une manière ou d'une autre, à Thémistocle.
Alcibiade, lui aussi, n'a plus que la Perse comme refuge[1].

Il résolut alors de monter auprès d'Artaxerxès, persuadé qu'il ne paraîtrait pas inférieur à Thémistocle, si le Roi le mettait à l'épreuve, d'autant qu'il avait un motif plus noble, car ce n'était pas, comme Thémistocle, contre ses concitoyens, mais pour sa patrie et contre ses ennemis qu'il offrirait ses services et implorerait la puissance du Roi.

> Plutarque, *Alcibiade*, 37, 7-8

---

1. Voir *La Véritable Histoire d'Alcibiade*, Les Belles Lettres, 2010.

Le Romain Antoine, uni à Cléopâtre, règne sur l'Orient. Doit-il donner sa protection à un noble Parthe ?

Lorsque Phraate eut tué son père Orodès et se fut emparé de la royauté, un grand nombre de Parthes s'enfuirent, entre autres Monaisès, homme notable et puissant, qui se réfugia auprès d'Antoine. Celui-ci, comparant les malheurs de son hôte à ceux de Thémistocle et rivalisant de grandeur d'âme et de munificence avec les rois de Perse, lui fit don de trois villes, Larissa, Aréthuse et Hiérapolis, appelée précédemment Bambycè.

Plutarque, *Antoine*, 37, 1

Cicéron, fin connaisseur de la Grèce, tout en reconnaissant la place exceptionnelle de Thémistocle dans l'histoire grecque, blâme le fugitif.

Qui fut plus illustre en Grèce que Thémistocle ? Qui fut plus puissant ? Bien qu'il eût, à la tête des troupes, libéré la Grèce de l'esclavage pendant la guerre contre les Perses, la haine de ses ennemis l'avait fait exiler ; alors, ne sachant pas, comme il l'aurait dû, supporter l'injustice de son ingrate patrie, il s'est conduit comme l'avait fait chez nous, vingt ans plus tôt, Coriolan. Pour les aider dans leur assaut contre leur patrie, ils n'ont trouvé personne : aussi se sont-ils donné la mort l'un comme l'autre.

Cicéron, *De l'amitié*, 12, 42

Thémistocle avait eu au moins cinq fils et cinq filles.

Thémistocle laissait trois fils qu'il avait eus d'Archippè, fille de Lysandre, du dème d'Alopékè : Archéptolis, Polyeucte et Cléophante. Platon le philosophe fait mention de ce dernier comme d'un excellent cavalier mais dénué de tout autre mérite. De ses deux fils aînés, l'un,

Néoclès, était mort, encore enfant, d'une morsure de cheval, l'autre, Dioclès, avait été adopté par son grand-père Lysandre. Il eut aussi plusieurs filles : Mnésiptoléma, qui lui était née d'un second mariage, fut épousée par son frère Archéptolis[2], qui n'était pas de la même mère ; Italia fut mariée à Panthoïdès de Chios et Sybaris à l'Athénien Nicodème ; Nicomachè devint, après la mort de son père, la femme de Phrasiclès, neveu de Thémistocle, qui se rendit à Magnésie pour la recevoir des mains de ses frères ; Asia, enfin, la dernière des enfants de Thémistocle, fut élevée par Phrasiclès.

Plutarque, *Thémistocle*, 32, 1-2

Manifestement les trois fils survivants eurent à cœur de laisser à la postérité des monuments dignes de la gloire de leur père.

Près du portrait d'Olympiodoros[3], il y a une statue en bronze d'Artémis surnommée « Leucophrynè »[4], consécration des fils de Thémistocle. Les Magnètes, en effet, que Thémistocle gouverna après avoir reçu la cité du Grand Roi, rendent un culte à Artémis Leucophrynè.

Pausanias, *Description de la Grèce*, 1, 26, 4

On peut imaginer que les fils s'occupèrent d'abord de sa sépulture à Athènes.

Il a un monument funéraire à Magnésie[5] d'Asie, sur la place (...), mais ses restes furent, d'après la famille, rapatriés, selon son vœu, et ensevelis en Attique, à l'insu des

---

2. La loi athénienne autorisait le mariage entre frère et sœur consanguins, pas entre utérins.

3. Tout contre le parapet du mur sud de l'Acropole.

4. Artémis Leucophrynè est la divinité majeure de Magnésie du Méandre, résidence principale de Thémistocle.

5. Voir p. 123.

Athéniens (il était interdit de l'ensevelir, puisqu'il était banni pour trahison).

Thucydide, *La Guerre du Péloponnèse*, 1, 138, 5-6

Quant à ses cendres, il convient de n'accorder aucune attention ni à Andocide disant, dans un écrit intitulé *À mes amis politiques*, que les Athéniens les dérobèrent et les dispersèrent au vent (car il ment dans l'intention d'exciter les oligarques contre le peuple), ni à Phylarque qui, introduisant presque dans l'histoire la machine aérienne du théâtre tragique, met en scène un Néoclès et un Démopolis, fils de Thémistocle, en vue de provoquer un débat pathétique : le premier venu ne peut manquer de se rendre compte que tout cela est pure fiction. Diodore le Périégète, dans son ouvrage *Sur les tombeaux*, dit, par conjecture plutôt que de science certaine, qu'au grand port du Pirée, lorsque, partant du promontoire situé à la hauteur de l'Alkimos, on longe vers l'intérieur, à l'endroit où la mer est calme, la courbure du rivage en forme de coude, on voit un soubassement de belles dimensions sur lequel s'élevait, pareil à un autel, le tombeau de Thémistocle. Diophante voit un témoignage en faveur de son opinion dans ces vers de Platon le Comique :

« Ta tombe, haut dressée en une belle place,
Servira de signal à tous les voyageurs
Qu'elle verra sortir du port et y entrer,
Et sera, les jours de régates, au spectacle. »

Plutarque, *Thémistocle*, 32, 4-6

Pausanias, lui, a certainement vu ce tombeau au Pirée.

De mon temps, il y avait encore des cales sèches et, près du grand bassin, le tombeau de Thémistocle[6] : en effet les Athéniens se repentirent, dit-on, du traitement infligé à Thémistocle ; ses proches reprirent ses restes et les ramenèrent de Magnésie.

Pausanias, *Description de la Grèce*, 1, 1,2

Thémistocle entrera même au Parthénon.

C'est un fait patent : les fils de Thémistocle rentrèrent et dédièrent au Parthénon le tableau où figure Thémistocle[7].

Pausanias, *Description de la Grèce*, 1, 1, 2

Les descendants de Thémistocle occupèrent à Athènes une certaine place et se firent sans doute remarquer. Ici encore, Pausanias a vu un tombeau près d'Athènes, sur la Voie sacrée menant à Éleusis.

Il y a ensuite le tombeau de Thémistocle, fils de Polyarchos, descendant à la troisième génération de Thémistocle qui livra sur mer bataille à Xerxès et aux Mèdes.

Pausanias, *Description de la Grèce*, 1, 37, 1

6. L'emplacement du tombeau de Thémistocle, près du grand bassin ou Cantharos, n'est pas connu. Étant donné l'interdiction d'ensevelir en Attique un banni, il faut supposer que ce tombeau monumental fut élevé plus tard, quand les Athéniens se furent repentis du traitement qu'ils avaient infligé à Thémistocle.

7. L'existence de ce portrait peint, consacré par ses fils dans le Parthénon (donc après 438), est un bon argument en faveur de l'authenticité du portrait inscrit de Thémistocle à Ostie. Les fils de Thémistocle s'étaient donc préoccupés, de son vivant ou peu après sa mort, de reproduire ses traits sur un tableau.

Enfin Plutarque est fier de terminer par un souvenir personnel sa Vie de Thémistocle.

Les descendants de Thémistocle ont conservé à Magnésie jusqu'à nos jours certains honneurs dont jouissait encore l'Athénien Thémistocle[8], qui fut mon camarade et mon ami aux cours du philosophe Ammonios[9].

Plutarque, *Thémistocle*, 32, 6

8. Selon un usage courant, et surtout si la famille était illustre, le nom d'un ancêtre glorieux se transmettait pendant des générations. On le voit bien ici à six siècles de distance. Ce Thémistocle, condisciple de Plutarque, fut un philosophe stoïcien.

9. Maître de Plutarque, lorsque celui-ci vint étudier à Athènes il devint ensuite son ami. Un heureux hasard voulut que, lorsqu'il reçut le titre de citoyen athénien, Plutarque fût admis dans la tribu Léontis, qui était celle d'Ammonios, du condisciple et du glorieux ancêtre de celui-ci.

UN SPÉCIALISTE DES BONS MOTS

La vivacité d'esprit de Thémistocle se manifeste aussi dans ses reparties.

Un ancien éromène[1] en vient un jour à de meilleurs sentiments.

Une autre fois, comme l'un des beaux jeunes gens d'Athènes, Antiphatès, qui l'avait naguère traité avec dédain, faisait ensuite l'empressé auprès de lui à cause de sa gloire :

– Jeune homme, lui dit-il, nous nous y sommes pris un peu tard, mais enfin nous sommes devenus tous les deux raisonnables en même temps.

Plutarque, *Thémistocle*, 18, 3

Argent et pouvoir ont fait chez lui un si curieux ménage que paroles et actes ne furent pas toujours en accord.

Thémistocle, de son côté, répondit à quelqu'un qui lui déclarait qu'il serait un bon magistrat s'il se montrait impartial pour tous :

– Je souhaite ne jamais occuper un siège où je ne puisse pas avantager mes amis par rapport aux autres !

Et il avait tort, lui aussi, de vouer la politique à servir l'amitié et de vouloir faire passer l'intérêt général et celui de l'État après ses affections et ses attachements personnels. Toutefois, il répondit à Simonide[2], qui lui adressait une requête injuste :

---

1. L'éromène (« aimé » en grec) est l'adolescent aimé par un adulte (l'éraste).
2. Ami de Thémistocle, voir p. 10.

– On n'est pas un poète sérieux si on fait des vers contre la mesure, ni un magistrat équitable si on accorde une faveur contre la loi.

Plutarque, *Préceptes politiques*, 807 AB

Il sait se montrer grand seigneur. Après la bataille de Salamine.

Comme il regardait les cadavres rejetés au bord de la mer, il en vit qui avaient sur eux des bracelets et des colliers d'or ; il passa près d'eux sans y toucher, mais les montrant à un ami qui le suivait :

– Prends-les, toi, dit-il, car tu n'es pas Thémistocle.

Plutarque, *Thémistocle*, 18, 2

Et peut afficher une exigence morale.

De deux jeunes gens qui demandaient sa fille en mariage, il préféra l'homme de bien à l'homme riche, et dit à cette occasion qu'il cherchait un homme sans argent plutôt que de l'argent sans homme.

Plutarque, *Thémistocle*, 18, 9

On l'a vu, ce surdoué de la politique fut très tôt conscient de sa valeur.

Se trouvant dans la compagnie de gens soi-disant cultivés et raffinés qui étaient fiers de leur bonne éducation, il fut en butte à leurs railleries, et il se voyait alors réduit à se défendre un peu rudement, en disant que, s'il ne savait pas accorder une lyre ni manier une cithare, en revanche, si on lui confiait une ville petite et obscure, il saurait la rendre grande et illustre.

Plutarque, *Thémistocle*, 2, 4

Un de ceux qui lui succédèrent comme stratèges, pensant avoir rendu un grand service à l'État, s'en vantait fièrement devant Thémistocle et opposait ses actions aux siennes :

— Une fois, dit alors celui-ci, le jour de fête et son lendemain se disputaient entre eux. « Toi, disait le lendemain, tu es accablé d'occupations et de fatigue, tandis qu'avec moi tout le monde jouit à loisir des préparatifs qui ont été faits. — C'est vrai, répliqua le jour de fête ; mais si, moi, je n'avais pas été, toi, tu ne serais pas. » Moi, de même, ajouta Thémistocle, si je n'avais pas été jadis, où seriez-vous à présent, vous autres ?

Plutarque, *Thémistocle*, 18, 6

Il disait aussi que les Athéniens ne l'honoraient pas et ne l'admiraient pas pour lui-même, mais que, lorsqu'ils étaient en danger, ils couraient se réfugier sous lui comme on s'abrite en cas d'averse sous un platane, auquel ensuite, le beau temps revenu, on arrache feuilles et branches.

Plutarque, *Thémistocle*, 18, 4

Et avec plus de brutalité et d'amertume.

Les Athéniens le privèrent un jour des droits civiques, puis ils le rappelèrent au gouvernement. Et lui de dire :

— Je n'approuve pas les hommes qui utilisent le même récipient comme pot de chambre et comme carafe à vin.

Élien, *Histoire variée*, 13, 40

Toujours la fierté et l'art de remettre à sa place le contradicteur.

Et lorsque l'homme de Sériphos[3] lui dit que ce n'était pas à son mérite, mais à sa patrie qu'il devait sa réputation :

3. Toute petite île des Cyclades.

— Tu dis vrai, répliqua-t-il : si j'étais de Sériphos, je ne serais pas devenu célèbre, mais toi non plus, si tu étais d'Athènes.

Plutarque, Thémistocle, 18, 5

Les houleux conseils des généraux à Salamine lui donnèrent l'occasion de s'imposer en brillant dans tous les registres.

Dès qu'ils furent réunis, avant même qu'Eurybiade eût exposé ce pour quoi il les avait convoqués, Thémistocle discourait abondamment, en homme pressé d'obtenir ce qu'il veut. Interrompant ses discours, Adeimantos, fils d'Okytos, le commandant corinthien, lui dit :

— Thémistocle, dans les jeux publics, ceux qui partent avant le signal sont fustigés.

— Oui, repartit Thémistocle pour se justifier, mais ceux qui se laissent devancer ne reçoivent pas la couronne.

Il fit alors cette réponse au Corinthien d'un ton calme.

Hérodote, Histoires, 8, 59

Plutarque donne le rôle du contradicteur à Eurybiade et conclut.

Et comme Eurybiade levait son bâton pour le frapper :

— Frappe, dit Thémistocle, mais écoute.

Plutarque, Thémistocle, 11, 3

Les échanges verbaux continuent.

Étonné de son calme, Eurybiade lui dit de parler ; alors Thémistocle le ramena à son propos, mais quelqu'un ayant dit qu'un homme qui n'avait plus de ville n'était pas qualifié pour enseigner à ceux qui en avaient une à abandonner et à trahir leur patrie, Thémistocle répliqua avec véhémence :

— Il est vrai, misérable, que nous avons abandonné nos maisons et nos murs, ne voulant pas sacrifier notre liberté à des choses inanimées ; mais nous avons encore la plus grande ville de la Grèce, nos deux cents trières, qui sont ici aujourd'hui pour vous aider, si vous voulez être sauvés par elles ; mais, si vous partez et nous trahissez une seconde fois, on saura tout de suite en Grèce que les Athéniens possèdent une ville libre et un territoire aussi bon que celui qu'ils ont perdu.[4]

Ces paroles firent réfléchir Eurybiade ; il eut peur de se voir abandonné par les Athéniens.

Plutarque, *Thémistocle*, 11, 4-5

Le coup de grâce.

À ce moment, le chef des Érétriens tenta de le contredire :

— Eh quoi, s'écria Thémistocle, vous mêlez-vous aussi de parler de la guerre, vous qui, comme vos calmars[5], avez une épée, mais pas de cœur ?

Plutarque, *Thémistocle*, 11, 6

« Qui fut plus puissant en Grèce que Thémistocle ? », écrivait Cicéron.

De son fils, qui tyrannisait sa mère et, par elle, son père aussi, il disait en plaisantant :

— Il est le plus puissant des Grecs, car les Grecs sont commandés par les Athéniens, les Athéniens par moi, moi par sa mère, et sa mère par lui.

Plutarque, *Thémistocle*, 18, 7

4. Voir plus haut (p. 53) la menace de transporter toute la population d'Athènes à Siris.
5. L'emblème de cette ville d'Eubée était le calmar ; ce mollusque a, à l'intérieur du corps, une armature cartilagineuse de forme effilée que les Grecs appelaient « épée » (*xiphos*). Et les épées eubéennes étaient célèbres.

CHRONOLOGIE

524 ou 520 – Naissance de Thémistocle.

499 – 493 – Révolte de l'Ionie contre le roi de Perse, soutenue par les Athéniens.

493/2 – Thémistocle archonte éponyme.

490 – *Septembre* : bataille de Marathon remportée par Miltiade sur les Perses.

484 – Début des préparatifs de Xerxès en vue d'une invasion de la Grèce.

484 – *Mars* : ostracisme de Xanthippe, père de Périclès.

483 (?) – Loi navale de Thémistocle.

482 – Ostracisme d'Aristide.

480 – *Fin juillet-début août* : Batailles de l'Artémision (mer) et des Thermopyles (terre).

Après ces batailles, première évacuation d'Athènes.

480 – *Fin septembre* : victoire navale de Salamine remportée par Thémistocle sur Xerxès.

Xerxès regagne l'Asie et laisse Mardonios en Grèce avec des troupes importantes.

479 – *Printemps* : seconde évacuation d'Athènes, seconde prise d'Athènes par les Perses.

479 – *Début septembre* : à Platées, victoire des Grecs commandés par Pausanias sur les Perses.

Début septembre : victoire navale et terrestre à Mycale des Grecs commandés par Léotychidas et Xanthippe sur les Perses.

479 – 475 env. – Construction des murs d'Athènes et aménagement du port du Pirée par Thémistocle.

478/7 – Fondation de la Confédération de Délos qui regroupe les alliés autour d'Athènes.

477 – Thémistocle crée le port du Pirée.

476 – Représentation des *Phéniciennes* de Phrynichos dont le chorège vainqueur est Thémistocle.

476 env. – 461 - (ostracisme) – Cimon « coryphée de l'histoire athénienne ».

472 – *Mars* : représentation des *Perses* d'Eschyle.
Thémistocle échappe à l'ostracisme.

471/0 – Ostracisé, Thémistocle s'installe à Argos, d'où il parcourt le Péloponnèse.

470 – Mort de Pausanias.

470/69 – Thémistocle est accusé de médisme. Étapes de son odyssée : Corcyre, Épire, Pydna, Ionie.

465 (fin)/ 464 (début) – Thémistocle en Ionie, puis à Suse.

465 – Assassinat de Xerxès.

464 – Artaxerxès succède à Xerxès.

463 – Thémistocle, vassal du roi de Perse, s'établit à Magnésie du Méandre.

459 ou 455 – Mort de Thémistocle.

La plupart des dates de Thémistocle sont matières à discussion (variations de plusieurs années), ce qui n'est pas le cas des dates des batailles des guerres Médiques.

BIOGRAPHIE DES AUTEURS

Aristophane (446 – 385). Aristophane, fils de Philippe, du dème athénien de Cydathénée, naquit vers 446 et mourut vers 385. Génie littéraire précoce, il fit jouer sa première comédie en 427, sous le nom du metteur en scène Callistratos et obtint le deuxième prix. L'année suivante, il concourut, toujours sous le nom de Callistratos, aux Lénéennes (janvier-février) et aux Grandes Dionysies (mars) avec deux pièces, et il obtint le premier prix aux Dionysies. Des 44 comédies que lui attribue la tradition, et dont nous connaissons les titres, 11 nous sont parvenues. Au cours de ses 40 ans de carrière poétique, nous savons qu'il remporta 5 fois le premier prix et 3 fois le deuxième ; mais, vu que nous n'avons pas le palmarès complet, il nous est impossible de savoir s'il fut plus apprécié du public athénien que ses concurrents, Cratinos, Eupolis, Phrynichos (aussi célèbres que lui de son temps). La postérité, elle, a choisi : des pièces de ses concurrents, seuls nous sont parvenus des fragments.

Son adolescence et sa maturité se passèrent durant cette terrible guerre du Péloponnèse (431-404) qui opposa Sparte à Athènes et mena cette dernière au désastre. Son œuvre constitue un témoignage exceptionnel et direct sur la vie politique et quotidienne d'Athènes. Aristophane attaque violemment les hommes politiques contemporains, en particulier ceux qui, comme Cléon et Cléophon, sont guidés par la démagogie ; il illustre par là l'incohérence de ses contemporains qui aspirent à la paix et donnent leur confiance aux va-t-en-guerre qui promettent au peuple toujours plus. Attaché aux valeurs traditionnelles, il critique l'évolution des mœurs, des goûts artistiques, des idées. Socrate, le type même du sophiste pernicieux à ses yeux, en fit plusieurs fois les frais.

Aristophane n'est pas seulement un « chansonnier » plus ou moins acerbe. C'est un écrivain à l'extraordinaire richesse verbale, à l'imagination fantaisiste, un dramaturge plein de surprises, un poète-paysan amoureux de la vie tranquille des champs, un homme pieux, mystique peut-être, capable d'accents lyriques qui nous touchent encore.

Aristote (384 – 322). Né à Stagire en Chalcidique, fils de Nicomaque, médecin du roi de Macédoine, Aristote passa son enfance à la cour de Pella. À 17 ans, il va à Athènes où, pendant 20 ans, il sera l'un des disciples de Platon à l'Académie. Remarqué par le maître, qui le surnomma « le liseur » ou encore « l'intelligence » (*nous* en grec), il quitte Athènes à la mort de Platon, en 347, et se rend à Assos, en Troade, auprès de plusieurs philosophes de l'Académie, tout près de la principauté d'Atarnée, dirigée par un tyran éclairé, Hermias, dont il devient le conseiller, l'ami et le gendre. Il y reste trois ans, jusqu'à l'assassinat d'Hermias, et se retire à Mitylène, dans l'île de Lesbos, où il rencontre celui qui deviendra son principal disciple, Théophraste. En 343/2, Philippe, roi de Macédoine, l'invite à Pella pour lui confier l'éducation de son fils Alexandre, alors âgé de 13 ans. En 336, Alexandre monte sur le trône de Macédoine ; en 335, Aristote revient à Athènes, où il fonde le Lycée, qui deviendra vite un centre de recherches, une pépinière de savants, une sorte d'université. La mort d'Alexandre, en 323, déclenche une violente réaction antimacédonienne : accusé d'impiété, Aristote doit fuir pour échapper à la sentence capitale et se réfugie à Chalcis, où il meurt l'année suivante.

De son œuvre considérable, nous avons conservé beaucoup et perdu encore plus. Perdus, ce qu'on appelle les écrits « exotériques » (littéralement « destinés à l'extérieur ») ou de vulgarisation, poésies, dialogues platoniciens, dont les Anciens vantaient la qualité littéraire. Conservés, les écrits « ésotériques » (ou « destinés à l'usage interne » de l'école) ;

ce sont des notes de cours, peut-être à la fois préparations du maître et notes d'élèves, d'où la moindre qualité littéraire et les problèmes textuels. Ils couvrent presque toutes les disciplines de l'époque : biologie, botanique, physique, astronomie, psychologie, morale, politique, histoire, philosophie (en particulier logique et métaphysique). L'activité du Lycée était animée par un esprit d'encyclopédie. Aristote, par exemple, avait chargé ses élèves d'étudier les 158 institutions politiques d'États grecs ou barbares connues alors. Il nous en reste la *Constitution d'Athènes* exhumée des sables d'Égypte à la fin du XIXe siècle. L'influence d'Aristote sur l'Orient (il fut étudié et traduit par les érudits arabes) et l'Occident fut considérable.

Cicéron (106 – 43). Comment résumer la vie et l'œuvre du plus fameux des écrivains romains ? Son existence nous est connue dans les moindres détails, mais elle déborde de rebondissements, car cet avocat brillant fut de tous les combats, tant judiciaires que politiques ou philosophiques. Né à Arpinum, dans un municipe éloigné d'une centaine de kilomètres de Rome, Marcus Tullius Cicero voit le jour dans une famille de gens aisés et de notables. Toutefois, comme Caton l'Ancien, qu'il admire, Cicéron est un « homme nouveau » : il est le premier de sa lignée à gravir les échelons de la carrière des honneurs jusqu'à son degré le plus élevé, le consulat, qu'il occupe en 63. C'est lors de ce consulat qu'il dénonce dans ses célèbres *Catilinaires* une conjuration qui menaçait la République. À la suite des manœuvres de son ennemi juré, le tribun Clodius, il est exilé pendant un an (58-57) pour avoir fait mettre à mort Catilina sans jugement. Malgré le triomphe qui l'accueille à son retour, son rôle politique ne cesse de décliner dans les années suivantes. Cicéron, l'un des plus fervents défenseurs du régime républicain, finit par rallier le camp de Pompée contre César juste avant que ce dernier ne l'emporte définitivement. À la mort du dictateur, l'orateur prend le parti de son petit-neveu, Octave, le futur Auguste, pensant pouvoir facilement diriger ce jeune homme de 19 ans. Il le sert en rédigeant les *Philippiques* contre Marc Antoine qui lui voue dès lors une haine inexpiable. Antoine réclame à Octave la tête de l'orateur dès leur première réconciliation. Abandonné par le jeune homme, Cicéron est assassiné par les émissaires d'Antoine. Sur son ordre, la tête et les mains de l'écrivain sont clouées à la tribune du forum. L'œuvre de Cicéron est immense : il s'est essayé dans tous les genres et à toutes les disciplines. Il est en particulier l'auteur d'une vaste corres-pondance, d'environ 139 discours judiciaires ou politiques et de plusieurs traités de rhétorique et de philosophie qui ont joué un rôle déterminant dans la tradition culturelle de l'Occident, jusqu'à nos jours.

Cornélius Népos (Iᵉʳ siècle av. J.-C.). Originaire de la plaine du Pô, Cornélius Népos fut un familier de Cicéron et voulut être un vulgarisateur. De son activité littéraire considérable il nous reste assez peu. Son grand ouvrage fut le *De viris illustribus* (*Des hommes illustres*), séries parallèles de Grecs, de Romains et d'hommes d'autres nations, rois, généraux, orateurs, poètes, grammairiens, etc. Il ne nous est parvenu que la partie intitulée *Sur les grands généraux des nations étrangères*, traitant de Thémistocle entre autres. Bien que la valeur historique de ces *Vies* soit médiocre, on lui reconnaît du talent dans le récit des anecdotes et l'art de caractériser ses héros.

Diodore de Sicile (Iᵉʳ siècle av. J.-C.). Né à Agyrion en Sicile, Diodore voyagea beaucoup et vécut à Rome, sans doute sous César et Auguste. Grand érudit, passionné par la recherche, Diodore nous a légué sa *Bibliothèque historique*, histoire universelle en 40 livres dont plus de la moitié a disparu. Aujourd'hui, nous pouvons lire les livres I à V et

XI à XX et des fragments de longueur variable des autres livres. Nous savons que cet ouvrage couvrait une vaste période, des temps mythiques à la guerre des Gaules (54 av. J.-C.). Diodore s'était fixé comme objectif d'écrire une histoire totale, malgré les difficultés qu'une telle tâche présentait. Il a puisé à quantité de sources disparues et il nous apporte une masse énorme de renseignements qui souvent ne se trouvent pas ailleurs.

Élien (170 env. – 240 env.). Né à Préneste, en Italie, Élien appartient à ce qu'on appelle la « seconde sophistique » : les maîtres des écoles de rhétorique aiment à composer des exercices déclamatoires sur des sujets divers. Il nous reste de lui 20 *Lettres* fictives (par exemple, celle d'un Athénien de l'époque classique), *Sur les caractéristiques des animaux* et, toujours dans le même souci de piquant, d'insolite, de curieux, un recueil d'anecdotes intitulé *Histoire variée*, dont le principal mérite est de nous avoir conservé de nombreux renseignements sur l'Antiquité.

Eschyle (525 – 456). Eschyle est né à Éleusis dans une famille d'Eupatrides alors qu'Athènes était dominée par les Pisistratides. Il a donc assisté, encore adolescent, à la chute d'Hippias et à la mise en place du système démocratique de Clisthène. Dans sa jeunesse, il a participé, contre les Perses, aux batailles de Marathon et de Salamine (dont il fait le récit dans *Les Perses*).

Acteur, Eschyle fut aussi le premier des grands tragiques. Il apporta à l'art dramatique un grand nombre d'innovations. Alors que, dans les tragédies de son temps, un seul acteur dialoguait sur scène avec le chœur, il introduisit un deuxième acteur, enrichissant ainsi les échanges entre personnages et l'intrigue elle-même. Dans son théâtre très spectaculaire, le goût pour les costumes flamboyants et les images verbales percutantes s'allie au souci d'un discours élevé. Ses œuvres grandioses mettent en évidence le désarroi des hommes prisonniers d'un destin, souvent conditionné par les fautes de leurs ancêtres.

Il aurait écrit, pendant sa carrière, 73 ou même (selon certaines sources) 90 pièces. Il nous en reste sept, mais, parmi elles, se trouve la seule trilogie dont nous disposons, l'*Orestie* (458) qui évoque l'assassinat d'Agamemnon à son retour de Troie, puis celui de Clytemnestre par son fils ; et, enfin, le procès d'Oreste. Entre les *Perses*, première en date des tragédies conservées (472), et la trilogie consacrée aux Atrides, mentionnons les *Sept contre Thèbes* (467) et les *Suppliantes* (463 ?), qui représentent l'accueil à Argos des Danaïdes poursuivies par les fils d'Égyptos. Le *Prométhée enchaîné* (dont l'authenticité est encore parfois discutée) formait la première pièce d'une trilogie où l'on voyait sans doute la réconciliation progressive de Zeus avec le Titan rebelle.

Hérodote (480 env. – 420 env.). Né à Halicarnasse (aujourd'hui Bodrum), ville carienne d'Asie Mineure, celui que Cicéron tenait pour « le père de l'Histoire » voyagea beaucoup, d'Athènes, où il séjourna, en Égypte, à Tyr et en Scythie. Il ne vit pourtant pas toutes les contrées qui sont décrites dans ses *Histoires*, vaste « enquête » (c'est le sens de *historié* en grec), dont le premier but est de rapporter les tenants et aboutissants des guerres Médiques. Friand d'anecdotes, Hérodote est célèbre pour ses digressions, si bien que les *Histoires* débordent largement le projet annoncé ; la Lydie, l'Égypte, la Scythie, autant de contrées visitées, pour le plus grand plaisir du lecteur. L'œuvre fut, à la période alexandrine, divisée en 9 livres, nommés selon les Muses. Les 4 premiers rapportent la formation de l'Empire perse et les 5 derniers les guerres Médiques. « Roi des menteurs » pour certains, « père de l'Histoire » pour d'autres, Hérodote nous éclaire cependant sur les rapports entre les

Grecs et les Barbares et fournit nombre de renseignements ethnologiques, géographiques et anthropologiques, aussi précieux qu'amusants.

Pausanias (IIe siècle de notre ère). Pausanias est un Grec d'Orient, sans doute originaire de la région de Magnésie du Sipyle (Asie Mineure). Né vers 120, il composa sa *Description de la Grèce* (10 livres) dans le troisième quart du deuxième siècle, après avoir sillonné l'Empire romain et sans doute écrit sur les pays qu'il visita, mais nous n'avons que ce qui concerne la Grèce. Symboliquement, il ouvre sa *Périégèse* ou *Description* par l'Attique : pour lui, comme pour l'Athénien Isocrate six siècles plus tôt, Athènes est l'école de la Grèce, et la Grèce l'école du monde. C'est un pèlerin pour qui n'existe que la Grèce classique. Très érudit, il a beaucoup travaillé dans les bibliothèques, mais aussi observé tous les détails des sites et des monuments qu'il décrit avec précision et qui sont pour lui l'occasion d'évoquer ou de rapporter rites, légendes, mythes et événements historiques. Depuis longtemps, les archéologues l'ont comme guide et prennent son érudition rarement en défaut.

Platon (427 – 347). Le célèbre philosophe grec était un citoyen athénien, issu d'une des grandes familles de la cité. Alors que sa noble origine, sa richesse et son éducation le destinaient à devenir un dirigeant politique ou un savant pédagogue, Platon choisit de devenir philosophe, à l'imitation de son maître et concitoyen Socrate. Loin toutefois de se retirer de la vie publique, le philosophe tel que Platon l'a inventé se consacre à la réforme de la cité et de ses habitants, soit par ses écrits, soit par son enseignement. Il institua en outre l'Académie où les élèves (parmi lesquels Aristote) venaient suivre ses leçons aussi bien que celles des prestigieux savants invités. Son œuvre est immense et la culture occidentale n'a cessé d'y puiser des enseignements.

Plutarque (45 env. – 125). Né à Chéronée, en Béotie, Plutarque est issu d'une famille de notables. Après avoir visité Athènes, où il étudie, l'Égypte et l'Asie Mineure, il s'installe et acquiert la citoyenneté athénienne. Plutarque a laissé une œuvre importante, dans laquelle la philosophie et la biographie occupent une place de choix. Sous le titre de *Moralia* sont regroupés ses nombreux traités de philosophie morale qui offrent une synthèse érudite et passionnante des différentes écoles, de Platon, d'Aristote, des stoïciens et des épicuriens. En sa qualité de moraliste, Plutarque s'est intéressé à la vie des hommes illustres, en rédigeant des biographies dans lesquelles il établit et analyse les vices et les vertus de chacun. Nous disposons ainsi de 22 paires de ses *Vies parallèles des hommes illustres* où sont à chaque fois rapprochés un Grec et un Latin, par exemple Thémistocle et Camille, et de 4 biographies isolées.

Thucydide (460 env. – 400 env.). Athénien, fils d'Oloros, Thucydide est né entre 465 et 460 av. J.-C. Il avait des attaches avec la Thrace : son père portait le nom d'un roi thrace dont Miltiade (qui avait des domaines là-bas) avait épousé la fille, et lui-même possédait dans la région les droits d'exploitation de mines d'or. De famille aisée, il put recevoir une éducation soignée : la tradition lui donne Anaxagore et des sophistes célèbres comme maîtres. Sa vocation d'historien lui serait venue d'une lecture publique d'Hérodote. Il voulut donc être historien, la politique lui en donna, à ses dépens, l'occasion. Élu stratège en 424, il est envoyé dans le nord de la Grèce pour surveiller le littoral de Chalcidique, mais il ne peut empêcher le Spartiate Brasidas de s'emparer d'Amphipolis, importante base athénienne. C'est la guerre du Péloponnèse (431 – 404), qui coupe le monde grec en deux, les uns derrière Athènes, les autres derrière Sparte. Ce genre d'échec ne se pardonne pas : Thucydide est accusé de trahison, il part en exil, il y restera 20 ans. Il décide de consacrer ce loisir forcé à raconter cette terrible guerre qui se déroule sous ses yeux. Et il fait le va-et-vient entre les deux camps pour se renseigner au plus près. Il en sortira sa grande et unique œuvre, *La Guerre du Péloponnèse* (8 livres), inachevée malheureusement, puisqu'elle s'arrête en 411. Rentré d'exil en 404, il mourut dans des circonstances dis-cutées (mort naturelle ou assassinat) et à une date incertaine, sans doute avant 395.

Si Hérodote est le père de l'Histoire, Thucydide est le modèle des historiens. Respect des faits, enquêtes serrées et contradictoires, omission de l'accessoire, recherche rationnelle des causes, souci constant d'objectivité. Armé de ces exigen-ces, Thucydide quête le sens. Pour la guerre du Péloponnèse, cet Athénien l'avait trouvé : l'impérialisme athénien.

BIBLIOGRAPHIE

Les traductions des auteurs anciens sont extraites d'ouvrages publiés aux éditions Les Belles Lettres, à l'exception des deux citations d'Aelius Aristide traduites par Jean Haillet.

ARISTOPHANE, *Comédies*. Texte établi par V. Coulon et traduit par H. Van Daele. Collection des Universités de France, Paris.
Tome I : introduction. *Les Acharniens. Les Cavaliers. Les Nuées*, 1923, 14e tirage revu et corrigé par J. Irigoin, 2002.

ARISTOTE, *Constitution d'Athènes*. Texte établi et traduit par G. Mathieu et B. Haussoullier. Collection des Universités de France, Paris, 1922, 10e tirage, 2003.

CICÉRON, *Brutus*. Texte établi et traduit par J. Martha. Collection des Universités de France, Paris, 1923, 6e tirage, 2003.
—, *Lélius. De l'amitié*. Texte établi et traduit par R. Combès. Collection des Universités de France, Paris, 1928, 2e tirage, 2002.

CORNÉLIUS NÉPOS, *Œuvres*. Texte établi et traduit par A.-M. Guillemin. Collection des Universités de France, Paris, 1923, 5e tirage, 2002.

DIODORE DE SICILE, *Bibliothèque historique, Tome VI, Livre XI*. Texte établi et traduit par Jean Haillet, Collection des Universités de France, Paris, 2001, 2e tirage, 2002.

Élien, *Histoire variée*. Texte traduit et commenté par A. Lukinovich et A.-F. Morand, Collection La roue à livres, Paris, 1991.

Eschyle, *Tragédies. Tome I. Les Suppliantes, Les Perses, Les Sept contre Thèbes, Prométhée enchaîné*. Texte établi et traduit par P. Mazon. Collection des Universités de France, Paris, 14e tirage revu et corrigé de la 2e édition, 2002.
—, *Les Perses*. Texte établi et traduit par P. Mazon. Introduction et notes par Ph. Brunet. Collection Classiques en poche, Paris, 2000.

Hérodote, *Histoires*. Texte établi et traduit par Ph.-E. Legrand. Collection des Universités de France, Paris.
Tome VII, Livre VII, Polymnie, 1951, 4e tirage, 2003.
Tome VIII, Livre VIII, Uranie, 1953, 4e tirage, 2003.

Pausanias, *Description de la Grèce*. Collection des Universités de France, Paris.
Tome I : Introduction générale. *Livre I. L'Attique.* Texte établi par M. Casevitz, traduit par J. Pouilloux et commenté par F. Chamoux, 1992, 3e tirage, 2002.

Platon, *Œuvres complètes*. Collection des Universités de France, Paris.
Tome III, 2e partie, Gorgias, Ménon. Texte établi et traduit par A. Croiset avec la collaboration de L. Bodin, 1923, 18e tirage, 2003.

Plutarque, *Œuvres morales*. Collection des Universités de France, Paris.
Tome III : Traités 15-16. Apophtegmes de rois et de généraux. Apophtegmes laconiens. Texte établi et traduit par Fr. Fuhrmann, 1988, 2e tirage, 2003.

Tome XI, 1re partie : Traités 49-51. Le philosophe doit sur-
tout s'entretenir avec les grands. À un chef mal éduqué. Si la
politique est l'affaire des vieillards. Texte établi et traduit
par M. Cuvigny, 1984, 2e tirage, 2003.

Tome XI, 2e partie : Traités 52-53. Préceptes politiques.
Sur la monarchie, la démocratie et l'oligarchie. Texte établi et traduit par J.-Cl. Carrière et M. Cuvigny, 1984,
2e tirage, 2003.

Tome XII, 1re partie : Traités 54-57. Il ne faut pas s'en-
detter. Vie des dix orateurs. Comparaison d'Aristophane et
de Ménandre. De la malignité d'Hérodote. Texte établi et
traduit par M. Cuvigny et G. Lachenaud, 1981, 2e tirage,
2003.

—, *Vies.* Collection des Universités de France. Textes établis et
traduits par R. Flacelière et É. Chambry (avec le concours
de M. Juneaux pour les tomes I et II), Paris.

Tome II : Solon – Publicola, Thémistocle - Camille, 1961,
3e tirage, 2003.

Tome III : Périclès - Fabius Maximus, Alcibiade - Coriolan,
1964, 4e tirage, 2003.

Tome V : Aristide - Caton l'Ancien, Philipoemen - Flamininus,
1969, 2e tirage, 2003.

Tome VII : Cimon – Lucullus, Nicias – Crassus, 1972,
2e tirage, 2003.

THUCYDIDE, *La Guerre du Péloponnèse.* Sous la direction de
Jacqueline de Romilly.

Tome I : Introduction, *Livre I.* Texte établi et traduit par
L. Bodin et J. de Romilly. Collection des Universités de
France, Paris, 1953, 8e tirage, 2003.

EDOUARD WILL, *Le Monde grec et l'Orient. Tome I. Le Ve siècle (510-403)*. Collection Peuples et Civilisations, Presses Universitaires de France, Paris, 1972.

ÉDMOND LÉVY, *La Grèce au Ve siècle. De Clisthène à Socrate.* Collection Nouvelle histoire de l' Antiquité, Seuil, Paris, 1995.

FRANÇOIS LEFÈVRE, *Histoire du monde grec antique*. Le Livre de poche, Paris, 2007.

PIERRE BRIANT, *Histoire de l'Empire perse. De Cyrus à Alexandre.* Fayard, Paris, 1996.

CARTES

ILLYRIE

MACÉDOINE

Pella

Pydna
△
Mt Olympe

CHALCIDIQUE
Potidée
Canal

ÉPIRE
Molosses

CORCYRE

Dodone

Cap Artémision

THESSALIE
Ambracie

Thermopyles
Golfe Maliaque
Hestiée
Coronée

ACARNANIE

Mt Parnasse LOCRIDE
Delphes
△

Thèbes
Chalcis

ITHAQUE

ÉTOLIE

PHOCIDE
BÉOTIE
EUBÉE

Golfe de Corinthe

ACHAÏE
Némée
Mégare
ATTIQUE

PÉLOPONNÈSE
Mycènes
Corinthe
Athènes

ARCADIE
ARGOLIDE

Olympie

Éleusis

MESSÉNIE
LACONIE

Île
de
Salamine

MER IONIENNE

Sparte

MÉLOS

CYTHÈRE

Siris

Golfe
de Tarente

Thourioi
(Proseuque)
Sybaris

ITALIE

BRUTTIUM

MER TYRRHÉNIENNE

C R

△ Mt Etna

SICILE

Agrigente
Syracuse

La Grèce au Vᵉ siècle

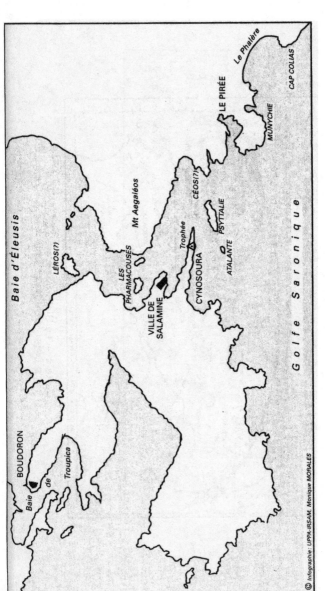

L'île de Salamine

Bull. Corr. Hell. 98 (1974), G. ROUX, p. 62

© Infographie: UPPA-IRSAM, Monique MORALES

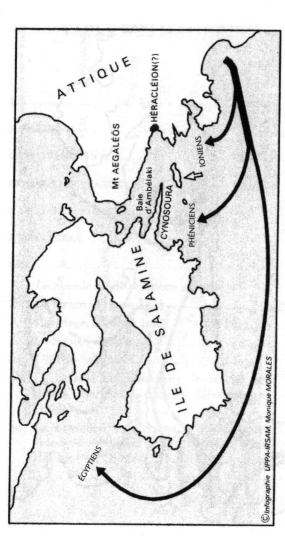

Le blocus des passes maritimes d'après Hérodote et Diodore

⇨ mouvement de l'avant-garde   ➤ mouvement du gros de la flotte après minuit

Bull. Corr. Hell. 98 (1974), G. Roux, p. 65

© *Infographie UPPA-IRSAM, Monique MORALES*

TABLE

Ce volume,
le quatorzième
de la collection
La véritable histoire de,
publié aux Éditions Les Belles Lettres,
a été achevé d'imprimer
en août 2012
sur les presses
de la Nouvelle Imprimerie Laballery
58500 Clamecy

N° d'éditeur : 7482 – N° d'imprimeur : 208126
Dépôt légal : septembre 2012
Imprimé en France